HEYNE <

Die Autorin:

Andrea Volk, Jahrgang 1964, lebt als Kabarettistin, Comedian und Autorin in Köln. Auf drolligen Umwegen gelangte sie als Live-Präsenter zu Deutschlands größtem Teleshopping-Sender QVC, wo sie sechs Jahre lang arbeitete und heimlich mitschrieb. Seit 2005 schreibt sie die Texte und Lieder des Comedy-Duos »Volk und Knecht«, aktuell tourt sie mit ihrem ersten Soloprogramm »VolksBelustigung«.

Mehr Infos unter: www.andreavolk.de

Inhalt

Vorwort

Viele Fernsehzuschauer finden Verkaufsfernsehen wunderbar und bestellen regelmäßig Produkte mit äußerst fragwürdigem Nutzwert. Andere finden Verkaufsfernsehen hochgradig bescheuert und fragen sich, welcher Idiot das Zeug kauft. Manche haben überhaupt keine Meinung zum Teleshopping, aber viel Spaß an Realsatire. Und alle zusammen wundern sich über die fantastischen Gewinne, die diese Mischung aus Konsum und Kundenbindung, Emotion und Penetranz generiert.

Nur ein Beispiel. Branchenführer QVC erzielte nach eigenen Angaben 2009 allein in Deutschland einen Umsatz von 674 Millionen Euro, bereits im Folgejahr kletterte die Zahl auf 719 Millionen Euro bei etwa sechs Millionen treuen Stammkunden. Um die heutige Dimension zu verdeutlichen: 2012 erzielte ein einzelnes gut laufendes »Tagesangebot«, also das Hauptprodukt eines Tages, 3 315 000 Euro Umsatz, dazu kommen die sogenannten Upsells, also die Produkte, die rund um das Tagesangebot verkauft werden. Ganz zu schweigen von all den anderen Dingen, die während des 24-stündigen

Dauerverkaufs so über die virtuelle Ladentheke gehen. Und diese Zahl ist keineswegs ein Ausreißer nach oben.

Weltweit setzte der global agierende Einkaufsgigant bereits 2009 fast 7,5 Milliarden US-Dollar um, Tendenz steigend. Teleshopping ist in Deutschland eine junge finanzstarke Branche und ein Phänomen. 1995 startete H.O.T. (Home Order Television), heute HSE 24, als erster deutscher Teleshopping-Sender. 1996 stolperte – verlacht und verspottet – QVC Deutschland, der heutige Branchenführer, seine ersten Schritte auf das Business-Parkett in einem winzigen Düsseldorfer Studio. Ein lebender Versandkatalog, ein Fernsehkaufhaus, mit einem riesigen unsichtbaren Apparat im Hintergrund: Verwaltung, Einkauf, Callcenter, Logistik, Warenlager, Zulieferer aus aller Welt.

Die Menschen zu Hause an ihren Bildschirmen sehen nur eins: dauerlächelnde Moderatoren und hoch motivierte Schokoladen-/Schmuck-/Gartenzwerg-»Experten«, also uns Vertriebsprofis. Das Ende einer langen Kette, die zu einem nicht geringen Teil in China ihren Anfang nimmt. Das interessiert uns Putzmittel-/Faltencreme-/Polyester-Fummel-»Experten« allerdings nicht, oder besser gesagt: Es soll uns nicht interessieren, weil wir uns dann zu sehr damit beschäftigen würden, wer eigentlich das große Geld verdient in dieser Branche. Was passieren kann, wenn jemand von uns doch auf die Idee kommt, sich damit zu beschäftigen, lesen Sie unter anderem in diesem Buch.

Unser Job ist es, so zu tun, als ob man ohne unser Produkt nicht leben kann. Wir preisen die Innovation, das Praktische. Wir erfinden fantastische Produktdemonstrationen, manchmal so abgedreht, dass sie niemand mehr nachvollziehen kann. So aß einst ein Kollege einen Löffel Kloreiniger auf Aktiv-Sauerstoffbasis, um dessen biologische Unschädlichkeit unter Beweis zu stellen.

Teleshopping wird verlacht, verspottet, dämonisiert und verklärt. Aber auch auf Menschen, die sich nicht vorstellen können, im Fernsehen einzukaufen, üben die Teleshopping-Sender eine merkwürdige Faszination aus – wie vor Jahrhunderten die Dame ohne Unterleib auf dem Jahrmarkt. Jetzt lächelt die Dame ohne Unterleib aus dem Fernseher und verkauft Ihnen Schmuck.

Ich lade Sie ein zu einem vergnüglichen Blick auf die Parallelwelt des Teleshopping, zu einer Reise hinter die Kulissen des Verkaufsfernsehens, wo wir Macher vor der Kamera fröhlich ums Goldene Kalb tanzen und den allein selig machenden Konsum predigen. Und uns hinter der Kamera gegenseitig feste in den Allerwertesten treten.

Die Ereignisse und Personen in diesem Buch sind fiktiv, ebenso der Name des Senders, den ich HCS – Happy Comfort Shopping, getauft habe. Aber die Geschichten gründen auf den realen Erfahrungen einer Frau, die sechs Jahre im Inneren des Teleshopping-Universums gearbeitet hat. Diese Frau bin ich, Andrea Volk.

neu

»GEMEINSAM IM TEAM LEISTEN WIR GROSSES«

FIGHT CLUB HCS

sale

Ein sonniger Herbsttag im Innenhof des Sendegeländes von HCS, mitten am malerischen Brunnen, auf dessen gekräuselter Wasseroberfläche sich die Sonne spiegelte. Es war, als ob alles, was ich in den zurückliegenden sechs Jahren erlebt hatte, in diesem einen Moment als »Kampf der Giganten« seinen Höhepunkt erreichte:

Zwei keifende, geifernde und fauchende Frauen, die sich in Angriffsstellung gegenüberstehen. Iris Döbler-Schmitz und Martina Schönhauser, beide altgediente Haushaltswarenexpertinnen und einander spinnefeind. Sie standen Nase an Nase. Döbler-Schmitz hatte ihre gewaltige Damenhandtasche zum Schlag erhoben, während Martina Schönhauser ihren von mehreren Schönheitsoperationen arg gebeutelten Kopf in den Nacken warf, damit sie den Mund noch zum Lachen öffnen konnte: »Das habe ich dir gleich gesagt, dass ich hier die älteren Rechte habe. Mir geht hier keiner an den Vertrag!« – »Du intrigantes Luder«, rief Döbler-Schmitz, »du hast doch dafür gesorgt, dass meine No-Name-Produkte wieder eingestellt werden. Alles läuft jetzt wieder unter deiner Marke, ›Prinzessin der Lüfte‹, und ich hab gar nichts mehr! Du hattest doch schon immer das längere Stöckchen gezogen, aber das hat dir ja nicht gereicht. Und immer das Gejammer um deinen Vertrag! Kein Mensch interessiert sich für deinen Vertrag, außer dir selbst! Aber warte ab, das lass ich mir nicht mehr gefallen!« Tatsächlich erinnerte Döbler-Schmitz mit ihren ruckartigen Kopfbewegungen und ihrem kräftigen Hinterteil an ein angreifendes Killerhuhn. »Ich sage dir, Martina, ich verfluche dich und deine Familie bis ins fünfte Glied! Jede einzelne Stunde mit meinen Nackenrollen und Tagesdecken soll dir im Hals stecken bleiben!«

»Aber es sind meine Nackenrollen! Ich bin die Prinzessin der Lüfte!«, schrie Martina Schönhauser, die im harten Tageslicht merkwürdig zusammengeflickt aussah. Die verknoteten Enden ihrer aktuell blonden Haar-Extensions lugten in der Sonne deutlich sichtbar unter dem dünnen Haar hervor. »Das eine will ich dir sagen …«, brüllte sie. »Von dir lass ich mir nicht mal mehr die Uhrzeit sagen«, rief Iris Döbler-Schmitz, »ich hab Kinder zu ernähren, und zwar alleine! Du bist doch nur mit deinem Äußeren und deinen Operationen beschäftigt, weil du nichts im Hirn hast! Außer Angst vorm Altern!« – »Du hast dich auch operieren lassen«, brüllte Martina und schubste Iris Döbler-Schmitz vor Wut. Ich hielt den Atem an. »Das hab ich doch nur gemacht, damit ich diesem dämlichen blonden Schönheitsideal entspreche, das du hier installiert hast, du dämliche Kuh!«, brüllte Iris Döbler-Schmitz und ließ ihre riesige Handtasche auf Martina Schönhausers fettabgesaugte Knie krachen. Die wiederum fuhr ihre Krallen aus und hing in Döbler-Schmitz' mittlerweile ebenfalls blonden Haaren, worauf die rechte Hälfte von Döbler-Schmitz frisch erworbener Haarpracht sofort nachgab und sich märchenhaft malerisch auf der Oberfläche des Brunnens verteilte. Iris Döbler-Schmitz ähnelte jetzt einem gerupften Huhn, links war das Haar noch lang, auf der rechten Kopfhälfte fehlten große Teile. Die Sonne und ich verbargen unser Antlitz, sie hinter Wolken, ich in den Händen; ein düsterer Moment, den Corinna für ihren Auftritt nutzte. Corinna war eine Kollegin, die wir aufgrund ihrer Neigung zu schwarzen Klamotten und dunklem Make-up intern »Gruftgurke« nannten. Corinna blieb stehen und bekam einen Lachanfall, worauf Döbler-Schmitz kurzerhand ihre Damenhandtasche schwang und sie auf Corinnas Hinterteil sausen ließ.

Als nach mehrminütigem Kampf, an dem sich weitere Mitglieder unseres Verkaufsexpertinnenteams beteiligten, endlich die Security-Wachmänner aus der Anmeldung angesprintet kamen, um die ineinander verstrickten Konkurrentinnen zu trennen, zog ich mich auf den Brunnen zurück, auf dessen Wasseroberfläche noch immer malerisch Iris' Extensions schwammen, und beobachtete die tumultartige Szene, die sich direkt unterhalb des steinernen Übergangs in den Verwaltungstrakt abspielte, auf dessen Betonsockel geschrieben stand: »Gemeinsam im Team leisten wir Großes!«

Es war ohne Zweifel ein echtes Highlight im täglichen Überlebenskampf der Teleshopping-Experten. Wundern konnte ich mich über all das indes schon lange nicht mehr. Zu viel hatte ich erlebt in den heiligen Hallen des Schwachsinns. Trotzdem: Zeit, nachzudenken. Über das, was hier abging. Und warum ich da mitten hineingeraten war. Zeit für eine Rückblende.

Kick-off! Wie ich beim Teleshopping landete

Eigentlich bin ich ja Autorin und Comedian, aber leider haben mein Vermieter und meine Kreativität keine nennenswerte Affinität zueinander. Soll heißen: Wie so viele Künstler muss ich meinen brotlosen Broterwerb durch artfremdes Schaffen finanzieren. Ich arbeitete also für ein Softwareunternehmen, entwarf für Geschäfte in meiner Straße Flyer und Websites und räumte sogar bei Aldi Regale ein. Und alle lustigen Erlebnisse, die mir dabei widerfuhren, schrieb ich auf und bastelte daraus Geschichten für die Bühne. Dieses fragile Gleichgewicht zwischen Insolvenz und guter Unterhaltung hielt ich mehrere Jahre, bis meine Mutter anlässlich meines rituellen monatlichen Rumjammerns über fehlende Einkünfte sagte: »Kind, arbeite doch was beim Fernsehen! Du bist doch so talentiert!«

Na ja, das ist eigentlich gelogen.

Genau genommen sagte meine Mutter: »Kind, da läuft so viel Mist im Fernsehen, da kannst du doch auch mal was machen.« Von dieser Argumentation überzeugt, schickte ich Lebenslauf und Fotos an HCS, Happy

Comfort Shopping, den einzigen Teleshopping-Sender, dessen Name mir damals spontan einfiel. Und ehe ich mich versah, wurde ich angerufen und zum Casting einbestellt.

Wer sich einmal durch das Fernsehprogramm zappt, weiß: Viel Elend in Deutschland beginnt mit einem Casting. Deutschland sucht den Super-Star, Heidi Klum das Top-Model, Bauern suchen Frauen, Unterschichten ein neues Zuhause. Und dieser, mir bis auf den Namen unbekannte Teleshopping-Sender, suchte also neue Gesichter, die Produkte im Fernsehen präsentieren. Ich war gespannt auf diese glitzernde Konsumwelt, die im Windschatten der etablierten Sender ihr Nischendasein fristete. So sah ich das zumindest damals. Ich ging also zum Friseur, kramte mein bestes Kostüm aus dem Schrank und fuhr zum vereinbarten Castingtermin.

Ziemlich verloren stand ich kurz darauf vor einem quadratischen riesigen Protzbau, der mich in seinen Ausmaßen entfernt an Onkel Dagoberts Geldspeicher erinnerte, was er auf gewisse Weise auch ist, wie mir im Laufe der Zeit klar werden sollte. Ich meldete mich beim Empfang. Ein Security-Mann führte mich in einen Konferenzraum, in dem ein versprengtes Trüppchen von etwa zehn Castingteilnehmern an einem u-förmigen Tisch saß, auf dem Gebäck, Kaffee und Wasser aufgetragen waren. Wir krümelten nervös die Kekse klein, bis ein jovial strahlender, dicklicher älterer Herr in einem teuren blauen Anzug, Typ Gentleman, gefolgt von einem smarten zweiten jüngeren Herrn, Typ Schwiegersohn, den Raum betrat. Ohne es zu wissen, hatte ich in diesem Moment bereits meine erste Lektion zum Teleshopping erhalten. Gute Teleshopper sind Typen. Sie repräsentieren bestimmte Erwartungen und Lebenshaltungen. Die beiden Männer mit dem Gewinnerlächeln, die am Kopfende vor einer Leinwand Platz nahmen, waren erfolgreiche umsatzstarke Moderatoren des Senders: Stefan – Typ Schwiegersohn – und Harald – Typ älterer Gentleman.

Harald warf eine PowerPoint-Präsentation an und verschaffte uns einen Überblick über den Sender. Währenddessen musterte uns Stefan still. Ich war mir sicher, dass er sich via Körpersprache, Haltung und Aussehen bereits einen ersten Eindruck über unsere Teleshopper-Tauglichkeit verschaffte. »Nun«, unterbrach Harald seinen Vortrag über das Erfolgsunternehmen HCS, »was denken Sie, worüber verkaufen wir am meisten? Über Sachkenntnis? Oder über Emotion?« Jovial klopfte er dem nächstsitzenden Anwärter mit glatt gegelten Haaren, spitzer Nase und hungrigem Blick auf die Schulter. Der brillierte sogleich mit seinen sagenhaften Kenntnissen als Verkäufer von Unterhaltungselektronik, zählte ungefragt auf, was man über einen Fernseher wissen müsse, und schloss seinen wortreichen Vortrag mit: »Sachkenntnis. Wir verkaufen über Sachkenntnis des Produkts.« Harald wandte sich an mich. »Und was denken Sie?« Ich musterte meinen Vorgänger und ging kurz in mich. »Das hat mir jetzt keine Lust gemacht, den Fernseher zu kaufen«, sagte ich langsam. »Außerdem hat er mir meistens den Rücken zugewandt. Ich denke, wir verkaufen zuerst über Emotion.«

»Richtig«, strahlte Harald, und der Unterhaltungselektronik-Verkäufer sah mich an, als ob er mich gleich beißen würde. »Wir verkaufen über Sympathie und Emotion. Aber diese Emotionen können auch durchaus Neid oder Habgier sein! Der Kaufimpuls kommt immer von der Emotion. Sachkenntnis wird vorausgesetzt. Emotion! Das ist es! Und das üben wir jetzt mal. Wenn Sie mir bitte folgen wollen!«

Unser kleiner Trupp verließ den Konferenzraum und marschierte mit Harald in ein kleines Studio, in dem zwei Kameramänner hinter großen Kameras hervorgrüßten. Diese standen auf stabilen mannshohen Stativen auf Rollen gegenüber einem provisorischen Schlafzimmer. Auf dem Bett lag eine große Kuscheldecke. »Und jetzt verkaufen Sie mir mal die Decke«, rief Harald jovial strahlend, und ich fragte mich langsam, ob er eigentlich auch noch einen zweiten Gesichtsausdruck habe. Stefan, der Schwiegersohn-Moderator, schwang sich lässig auf das Bett und klopfte einladend auf die Stelle neben sich. »Wer fängt an?«, rief Harald strahlend. Jetzt wurde es ernst. Das Casting begann. Hopp oder Flopp. Natürlich meldete sich das spitznasige Fernseher-Männchen, um seine Scharte von eben wieder wettzumachen. Zehn Minuten lang dozierte der kleine unsympathische Mann Fakten zur Deckenherstellung und Nutzung und setzte damit neue Maßstäbe in meinem privaten »Unerträglichkeits-Level«.

Schließlich war ich dran. Ich musterte das Bett. Darauf die Decke, die ich verkaufen sollte. Ich nahm die Decke hoch und fragte, ob man sie nicht an der Wand in der Senkrechten befestigen könne, damit die Kameraleute sie in Ruhe abfilmen könnten. Harald nickte strahlend, aber das hieß ja nichts. Als die Decke hing, dozierte ich verlogen über den herrlichen Wandschmuck, nahm sie anschließend mit Stefan ab, wir setzten uns beide aufs Bett, zogen und zerrten an der Decke, priesen ihre Haltbarkeit und Lebensdauer, und zum Schluss wickelte ich uns beide in die Decke ein und simulierte einen Kuschelorgasmus.

Ich bekam den Job.

Erstes Produkt – Erste Ernüchterung

Kurz nach der Vertragsunterzeichnung mit einem astronomisch hohen Honorar, wenn man es mit Regaleeinräumen vergleicht, erhielt ich die Einladung, mich in der Kantine einzufinden, damit man mir mein erstes Produkt nebst Verkaufsstrategien an die Hand geben könne. Wieder fuhr ich zum Sender, froh, endlich einen gut bezahlten Job gefunden zu haben, der sich mit meinem Künstlerdasein vereinbaren ließ. Ich war gespannt auf dieses erste Produkt, das in meiner naiven Vorstellung irgendwas Glitzerndes, Tolles, Aufregendes sein musste, und ich war gespannt auf die Mitarbeiter von TV-Sales, der Fachabteilung für Marketing bei HCS.

Wer Marketingsprech lernen möchte, der ist bei TV-Sales in guten Händen. Unvergleichliche Sätze wie »Ich hab da für deinen Sell beim Tagesangebot im Februar eine MAZ requested, da müssen wir aber noch mal das wording für durchgehen und deine Performance besprechen, ne?« bekommt man hier vollkommen gratis, und es dauert auch gar nicht so wahnsinnig lange, bis man verstanden hat, was einem damit gesagt werden soll. Wenn man es dann verstanden hat, löst jede dieser Szenen einen Lachreiz aus, den man nur schwer unterdrücken kann. Was bei TV-Sales natürlich niemand versteht und zu nervösen Nachfragen à la »Du, warum lachst du jetzt?« führt.

Aber natürlich ist TV-Sales keine lächerliche Abteilung. Im Gegenteil. Hier handelt es sich um eines der Machtzentren eines Teleshopping-Senders. Gemeinsam mit dem Einkauf und der Geschäftsleitung entscheidet TV-Sales, wie ein Produkt positioniert, also zum Beispiel in welcher Dekoration und mit welchen Argumenten verkauft wird. Solche Entscheidungen beeinflussen Erfolg oder Scheitern eines Produktes und somit zugleich Wohl oder Wehe sowohl der Experten als auch der Moderatoren. Wer zu oft schlechte Umsätze erzielt, hat langfristig keine Zukunft beim Sender.

Von der Existenz der TV-Sales-Abteilung weiß der Zuschauer natürlich nichts. Er bekommt nur uns Experten und die Moderatoren zu sehen, die er damit als Gesicht des Senders wahrnehmen muss.

Was beim sogenannten »Sell«, also dem aktiven Verkaufen vor der Kamera, vollkommen spontan aussieht, ist hinter den Kulissen natürlich abgesprochen und geprobt. Wir »Experten« für die einzelnen Produkte sind Vertriebsprofis, das heißt, wir verkaufen einem Eskimo noch einen Kühlschrank. Nur die wenigsten von uns sind dabei allerdings wirklich Experten für Kühlschränke. Ich zum Beispiel war einfach nur eine sympathisch wirkende Frau, die vor der Kamera unverkrampft reden kann. Das Fachwissen zu meinem Produkt, Informationen und Verkaufsmaterial stellt TV-Sales vorher zur Verfügung, damit wir uns einarbeiten können. So sorgt der Sender dafür, dass wir Verkäufer vor der Kamera das tun, wofür wir bezahlt werden: unfassbare Stückzahlen von Dingen zu verkaufen, die die Welt oft nicht braucht.

Dafür wird die Dehnbarkeit der deutschen Sprache bis zur Schmerzgrenze und weit darüber genutzt. Das führt zu Absurditäten in der Produktbezeichnung, die jeder von uns in zurechnungsfähigem Zustand entrüstet von sich weisen würde. Da gibt es dann Sprachverbrechen wie »Lufti-Kuss«, einer Schaumstoffrolle aus einer Serie mit dem an rosafarbene Kinderzimmer erinnernden Namen »Prinzessin der Lüfte«. Solche selbst erfundenen Markenbezeichnungen suggerieren den markenverliebten Deutschen Qualität. Für das Prestige, eine Marke zu kaufen und kein sogenanntes »No-Name«-Produkt, langt der Deutsche gern ein wenig tiefer in die Tasche. Und wie bei weltbekannten Sportmarken interessieren Produktionsbedingungen von Mensch und Umwelt den Verbraucher wenig, solange der aktuell angesagteste Sportler im Werbefilm zu sehen ist. Martina Schönhausers »Prinzessin der Lüfte« hatte sich als Marke dermaßen etabliert, dass der Sender selbst Parfum unter diesem Label verkaufte. Parfum funktioniert eigentlich über den Duft, den man aber vor dem Fernseher natürlich nicht riechen kann. So ein Produkt trotzdem erfolgreich über Teleshopping zu vertreiben, bedeutet für uns »Experten« eine echte Herausforderung und beweist einmal mehr Markenbindung und Vertrauen unserer Kunden. Ein Vertrauen, das uns Experten einschließt, wie allein die intimen Pläuschchen mit unseren Anrufern beweisen. Auch Martina Schönhauser, das gestraffte Gesicht von »Lufti-Kuss«, war eine solche Vertrauensperson für unsere Kunden. In der Eingangssequenz haben Sie sie kurz kennengelernt. Sie wird uns im Laufe der Geschichte noch öfter begegnen.

Zurück zu TV-Sales. Die Marketingabteilung des Senders ist für uns Teleshopper eine der Grundlagen unseres Erfolgs. Unsere Performance hängt zu einem guten Teil von der Vorarbeit dieser Abteilung ab.

Auch die interne Weiterbildung über Seminare unterliegt der Steuerung der Marketinggenies. Wenn die Umsätze schwächeln, die obersten Chefs mal wieder wechseln oder neue soziologische Erkenntnisse über unsere Käufer drohen, engagiert TV-Sales flugs einen jung-dynamischen Trainer, der uns abgeschlafftes Verkaufspersonal wieder auf Vordermann bringen soll. Solche Seminare treiben bisweilen bizarre Blüten, die in diesem Buch nicht unbesprochen bleiben werden.

Doch zuerst zu meinen Wunschvorstellungen und der Realität des Erstkontaktes mit TV-Sales. Grausam, wie es eben nur die Realität sein kann. Dieser Erstkontakt mit den Marketingstrategen fand nicht in einem stylischen Büro, sondern in der schmucklosen Kantine statt. Es roch nach Erbsensuppe und Verkäuferschweiß, ich hockte auf einem Plastikstuhl an einem Resopaltisch und harrte der glamourösen Konsumartikel, die ich nun künftig verkaufen würde. Wenig später stand eine junge fröhliche Frau nebst Rollwagen mit mehreren braunen Kartons an meinem Tisch. Lächelnd zog sie einen hellrosa Bademantel aus Plüschtrikot mit Kunstfellbesatz aus einem der Kartons, ein rosafarbener Albtraum, der das Jahr 1960 vor meinen Augen wieder aufleben ließ: Hausfrauen mit Lockenwicklern, Hauspantöffelchen mit Keilabsatz und rosa Puscheln, Prilblümchentapeten. Die Ästhetik der Sechzigerjahre pur. »Das steht Ihnen bestimmt«, lächelte die fröhliche Strategin. »Sie wissen doch, dass unsere Experten ihre Produkte vorführen?«

»Das soll ich anziehen?«, keuchte ich. Das Ding war rosa. Grauenhaft rosa. Ich würde aussehen wie ein sterbendes Schwein mit Plüschfellbesatz. Und Gürtel. Außerdem war das Teil wadenlang. Ich hab aber dicke Waden. Fußballerwaden. Böse Zungen behaupten »Gerd-Müller-Gedächtnisstempel«. Was um Himmels willen sollte ich unter diesem Bademantel anziehen? Eine lange Hose? Hohe Schuhe mit nackten Beinen? Dann wäre ich eine Bordsteinschwalbe. Birkenstocks? Zwei Stempelwaden in Ökolatschen und darüber dieses rosafarbene Fell? Ich würde aussehen, als hätte ich das Ding versehentlich geraucht. Was würde meine Familie sagen, meine Freunde? Hätte ich danach überhaupt noch Familie und Freunde? Würden die sich nicht alle auf dem Boden wälzen vor Lachen, wenn sie mich in dem rosa Fell im Fernsehen sehen? Wie ich hinterher erfahren musste, haben sie genau das gemacht. Ich hob der Marketingfrau anklagend den rosa Plüschbademantel entgegen.

Die junge Frau, und mit ihr sinnbildlich die ganze Abteilung TV-Sales, antwortete gleichmütig mit einem schlichten Achselzucken. »Ach, es gibt Schlimmeres«, sagte sie. Und sie sollte recht behalten.

super angebot

VON DER KÜCHE ZUM KLO IST ES NUR EIN KATZENSPRUNG: IM ZENTRUM DES TELESHOPPING-WAHNSINNS

bonus

Auch, wenn das HCS-Gebäude von außen die Anmutung von Onkel Dagoberts Geldspeicher hat, von innen erinnert es eher an ein Marionettentheater. In der oberen Etage sitzen die Puppenspieler, die an den Fäden ziehen: Geschäftsleitung, Einkauf, Planer, TV-Sales. Im Erdgeschoss darunter werkeln diejenigen, die an den Fäden hängen. Moderatoren und Experten, deren Lebensraum eine Art überdimensionale Puppenstube ist.

Ein Teleshopping-Studio muss man sich vorstellen wie ein etwa 1000 Quadratmeter großes Oval, in das diese Puppenstube hineingebaut wurde. In der Mitte dieses Ovals bewegen sich die Kameras und rollen von einem Zimmer der Puppenstube zum nächsten. So können die Kameras in einer Minute Bilder aus einem offenen Wohnzimmer mit Plastikkamin und gemaltem Feuer aufzeichnen, um nur wenige Minuten später, das ist die Zeit, die es benötigt, von einer Puppenstube zur nächsten zu rollen, ein »Beauty-Set« zu zeigen. Und von dort aus – mit einer 180-Grad-Drehung um die eigene Achse – Bilder aus einem Badezimmer, in dem kein Wasser aus den Hähnen fließt, auf die Bildschirme unserer Zuschauer zu schicken. Die Zeit, die die Kameras zum Rollen und Einstellen brauchen, überbrücken wir mit Werbetrailern. Nachts, wenn keine Kameraleute da sind, sind wenige Set-Wechsel eingeplant oder Aufnahmeleiter und Studiohelferlein schieben die Kameras zum nächsten Potemkinschen Zimmer.

Wir Teleshopper – so nennen wir Experten und Moderatoren uns – hängen nicht nur an den Fäden des Obergeschosses, wir sind quasi auch noch die Püppchen in der Puppenstube, mit denen unsere Stammkunden spielen. Indem sie uns auf ihren heimischen Bildschirm holen und uns kochen, backen, basteln, reden, putzen oder sich anziehen lassen.

Die einzelnen Puppenstubenzimmer, auch als »Set« bezeichnet, beziehen sich logischerweise immer auf das Produkt, das es an den Zuschauer zu bringen gilt. Mein rosaroter Bademantel, der mir gleich zu Beginn jede Illusion über meine zukünftige Tätigkeit geraubt hatte, musste beispielsweise im Beauty-Set präsentiert werden, hätte aber gleichwohl auch ins Mode-Set gepasst und wurde auch manchmal im Bad-Set verkauft. Das hing sowohl von der Belegung der Sets durch andere Produkte als auch vom Namen der Verkaufsstunde ab, also ob die Show »Modische Highlights« oder »Beauty und Wellness für Ihr Badezimmer« hieß. Die Übergänge sind da bisweilen fließend bis unverständlich.

Auf der anderen Seite des Ovals, gegenüber von Mode- und Beauty-Set, befindet sich unser Wohn- und Schlafzimmer. Von dort ist es nur eine halbe Kameradrehung und wenige Meter bis ins Küchen-Set und von dort wiederum ein Katzensprung ins Bad.

So weit das, was sich aus Sicht der Kameraleute abspielt und auf Ihren heimischen Bildschirm übertragen wird. In diesen Potemkinschen Bade-, Wohn- und Schlafzimmern, Laufstegen und Wellness-Oasen reden wir Teleshopper uns den Mund fusselig, kuscheln mit Bademänteln und Handtüchern, rubbeln mit Reinigungsmitteln und Tüchern Flecken aus Klamotten, von Glasscheiben und Waschbecken, funkeln mit Ohrringen und Halsketten oder verdrehen die Augen vor scheinbarem Genuss beim Kosten eines Bratens oder einer Sauce.

Ich sage bewusst: scheinbarer Genuss. Denn, so wie es eine Küche *vor* der Kamera gibt, gibt es auch eine *hinter* der Kamera. Die sogenannte »Prep-Küche«. »Prep« wie »preparation«, zu deutsch: Vorbereitung. Also die Vorgar-Küche. »Vorbereitung« ist allerdings keine exakte zeitliche Angabe. Vorbereiten kann man Dinge lange, bevor sie dann tatsächlich gebraucht und verwendet werden. Was bei Essbarem nicht unbedingt eine Idee sein muss, die dem Genuss zuträglich ist.

Die Prep-Küche ist von betörender Schlichtheit und erinnert in ihrer grauen Funktionalität an eine Klinik-Küche. Zwei Kühlkammern mit großen Riegeln gehen von der Küche ab, in denen die Kochexperten und die übrige Küchencrew ihre Vorräte in beschrifteten Dosen und Fächern hüten, manchmal mit Aufschriften wie: »Eigentum von Horst Gänsel, Finger weg, sonst Finger ab!«.

Die Speisen und Braten für die entsprechenden Verkaufsshows müssen vorbereitet werden. Eine Verkaufsshow im Fernsehen dauert aber in der Regel nur zwischen acht und vierzehn Minuten. Live auf Ihrem Bildschirm zu Hause braten wir das Essen daher in Wirklichkeit nur noch mal kurz an, rühren das Gemüse im Topf um oder holen den fertigen Braten aus dem Ofen der Studioküche. Und dann probieren wir und sagen: »Mhh!« und »Lecker!« und erzählen von tollen Familienfesten mit den Freunden und wie einen alle bewundern und auch ein bisschen neidisch sind. Das Probieren und »Lecker!«-sagen ist furchtbar wichtig beim Verkauf von Küchenzeug im Fernsehen.

Nicht schwer vorzustellen, dass hier eigentlich nichts so richtig lecker sein kann, da kaum etwas frisch ist. Anders gesagt: Genau wie die Grenze zwischen Beauty- und Mode-Set verschwimmt auch die zwischen Gesundheitsschädlichkeit und gerade noch Unbedenklichkeit hinsichtlich der Speisen. Unsere Moderatoren in den Küchenshows sind nicht ohne Grund über jeden Happen froh, den sie *nicht* probieren müssen. Andererseits gibt es natürlich auch wirklich leckere frisch zubereitete Säfte, einen köstlichen Braten, der an dem Tag tatsächlich zum ersten Mal »on air« ist, eine Torte, die schmeckt. Die Grenzen sind fließend, und wie überall gilt: Man sollte sich mit der Küche gut stellen, dann sagt einem der Koch auch, was schmeckt. Im umgekehrten Fall kann das zu unangenehmen Beschwerlichkeiten führen, wie ich später erzählen werde.

Doch nicht nur der Braten muss vorbereitet werden, auch wir Teleshopper und die Models, die mehr oder weniger grausige Fummel präsentieren, als wenn sie in die neueste Mailänder Laufsteg-Mode gewandet wären, präparieren sich. Dafür gibt es hinter den Kulissen den Aufnahmeleiterraum und die Model-Lounge.

Im Aufnahmeleiterraum steht eine Couch. Sie ist häufig genug das Zentrum des Teleshopper-Grauens. Hier sitzen die Experten, bevor sie ihre Einsätze haben, hier werden Gerüchte gestreut und verbreitet, hier streiten und vertragen wir uns. Und oft genug muss die Couch auch als temporärer Minischlafplatz für ein Sitznickerchen zwischen zwei Sells herhalten.

Gut sichtbar von der Couch aus hängen im Aufnahmeleiterraum Monitore, auf denen wir hinter den Kulissen zum einen verfolgen können, was gerade über den Sender geht. Denn neben den eigentlichen Verkaufsshows laufen ja beispielsweise auch Dinge wie Trailer für künftige Präsentationen. Zum anderen sehen wir aber auch, was Experte und Moderator so treiben, wenn sie – etwa während eines solchen Trailers – gerade nicht auf Sendung sind. Und das ist nicht selten das sehr viel interessantere Programm.

Wenn der Kunde sich zu Wort meldet – Teil 1: Anrufer on air

Der rosa Plüschbademantel hatte mich nur kurz aus der Bahn geworfen. Noch war ich schließlich hoch motiviert und hatte die optische Grausamkeit schnell als Herausforderung an mein Verkaufstalent begriffen.

Um mich für mein neues Berufsdasein zu schulen, verordnete ich mir von Beginn an regelmäßiges Teleshopping-Gucken. Dabei entdeckte ich, dass diese Tätigkeit einerseits ein probates Mittel gegen Schlafstörungen ist. Als höre man einem langweiligen Pfarrer beim Predigen zu. Andererseits gibt es auch das genaue Gegenteil: Ich wollte ein bisschen gucken, dann eindösen – und zehn Minuten später rief ich beim Sender an und bestellte ein Halskettchen. Oder – Möglichkeit drei – ich rollte mich auf dem Boden vor Lachen. Zum Beispiel über das »Schokoladen-Wunder von Lourdes«, einem ganz normalen Pralinenverkauf bei HCS, gewürzt jedoch von einer Anruferin.

Die Anrufe während den Verkaufsshows sind live, echt – und außerdem sind sie vor allem eines: als kostenlose Werbung unbezahlbar für den Sender. Natürlich werden die Anrufer gesiebt. Nur selten verirrt sich einer durch die Leitung, der live in einer Perlen-Schmuckstunde mit einer asiatischen Expertin fragt: »Darf ich die Chinesin ficken?« Aber es kommt vor.

Normalerweise aber können wir uns auf unsere Anrufer verlassen. Sie hudeln und lobpreisen, kennen unsere Argumente auswendig und tragen sie stolz vor, sind tausendmal glaubwürdiger als wir Verkäufer und genießen ihre fünf Minuten Ruhm, wenn sie sich live am Telefon, glücklich stotternd, über ihre Saftpresse, ihr Insektenvernichtungsmittel oder eine Bettwäsche auslassen. Sie sind Sachsen, Bayern, Schwaben, Westfalen, Österreicher, Mallorca-Deutsche. Sie sind Architekten, Rentner, Arbeitslose, Sekretärinnen, Omis, Intellektuelle und Tussis. Senderinterne Erhebungen haben gezeigt, dass die weniger Intellektuellen, die Ostdeutschen, die Frauen und die Älteren überwiegen. Auch das hat seinen Grund. Unser Service ist gut und oft von unabhängigen Instituten ausgezeichnet. In den ländlichen Gebieten Ostdeutschlands ist es gerade für ältere Frauen ohne Auto noch immer nicht leicht, alle begehrten Konsumartikel a) zu bekommen und b) zu schleppen. Wir liefern bis nach Hause – manches sogar, um unseren Service zu pushen, versandkostenfrei. Und zu den weniger Intellektuellen: Einem schlichteren Gemüt kann man halt einfacher weismachen, dass ein solarbetriebener Hornhauthobel mit Glitzerapplikation zu den Must-haves eines neidvoll betrachteten glücklichen Mitmenschen auf der Höhe des Zeitgeists gehört. Noch mal: Neid ist ein großes Verkaufsargument, was mehr über uns als Spezies aussagt als über das Phänomen Teleshopping.

Eins ist all unseren Kunden gemein. Sie lieben unsere Puppenstube, in der wir als überdimensionale Kens und Barbies in der großen bunten heilen Konsumwelt schwelgen, als ewiges Pendant zur »Truman-Show«. Bei uns gibt es keine Kriege, keine Umweltverschmutzung, alle sind immer gut drauf und total harmonisch. Teleshopping vor der Kamera ist ein wenig wie Big Brother ohne Sex, eine Welt ohne Streit und Auseinandersetzung, dunkle Seiten und geheime Täler. Es ist furchtbar. Allerdings gleichen wir das mit den dunklen Seiten hinter der Kamera wieder aus.

Die Anruferin, die Moderator Klaus Poppel beim »Schokoladen-Wunder von Lourdes« durchgestellt bekam, erwies sich allerdings als grenzwertig.

Realsatire, die erste. Frau Kammertzki und das Schokoladen-Wunder von Lourdes

»Herzlich willkommen, liebe Zuschauer, hier auf HCS – Happy Comfort Shopping – Einkaufen bequem vom Sofa aus!« Moderator Klaus Poppel, sportlich, eloquent, bebrillt, quillt über vor unerbittlicher Freundlichkeit. Seine Moderationskarten fest umklammert, strahlt er in die Kamera:

»Wir haben hier heute für Sie ein wunderbares Angebot für alle Leckermäulchen, da kann man kaum widerstehen, wir sind hier alle schon die ganze Zeit am Naschen, das ganze Studio – es ist so lecker. Es ist sooooo lecker!« Er ver-

zieht ekstatisch das Gesicht und wirft sich hin und her. »Eine Schokolade. Aber was für eine Schokolade. Die Königin aller Schokoladen.« Poppel gebärdet sich wie Louis de Funès, verdreht begeistert die Augen und wirft theatralisch die Hände in die Luft. »Mit der 543 780 darf ich Ihnen heute, meine Damen und Herren zu Hause an den Bildschirmen, einen wahren Genuss präsentieren, unsere wunderbaren Gold-Schoko-Pralinés aus Lourdes, in der Familienpackung mit dreimal 500 Gramm.«

Poppels Konterfei wird überblendet in eine kitschig goldene Pralinenschachtel mit aufgemalten Röschen im Wirtschaftswunderdesign, und man weiß nicht, was schlimmer ist: Poppel, das Rosendesign oder die Tatsache, dass all das ungestraft über Millionen Fernsehbildschirme flimmern darf.

Poppels Hand in Großaufnahme reißt den Deckel von der Pralinenschachtel ab und grabbelt zwischen den Schokostückchen, bis sie fündig wird. »Das ganze Paket – dreimal 500 Gramm – unserer sagenumwobenen Gold-Schoko-Pralinés, meine Damen und Herren zu Hause an den Bildschirmen, halten Sie sich fest auf Ihren Sofas, darf ich Ihnen anbieten für sage und schreibe nur: 43 Euro! Nur 43 Euro für eineinhalb Kilogramm feinster französischer Pralinen, da gibt es natürlich kein Zögern, die Ersten bestellen schon jetzt gleich mehrere Packungen, ruhig auch mal an die Verwandten denken oder an die Kinder! Ach, und ich freu mich hier, die ersten 100, nein 200 Bestellungen sind schon eingegangen.« Unten links auf dem Bildschirm erscheint ein Zähler, der sich rasch der 200er-Marke nähert. »Ich darf mich bedanken«, ruft Poppel, »aber das ist ja auch klar, bei so einem Angebot, nur 43 Euro für dreimal 500 Gramm Gold-Schoko-Pra-

linés, da muss man ja, da kann man nicht, da wäre man ja blöd! Das ist ja nicht einfach Schokolade aus dem Supermarkt, das sind ja unsere Gold-Schoko-Pralinés aus Lourdes, feinste Chocolaterie, Patisserie, das ist ja in Frankreich, und die waren ja schon immer berühmt dafür!«

Auf meinem Fernseher dreht sich Poppel nach links und neben ihm erscheint das gequälte Gesicht seiner Mitstreiterin, der sogenannten »Schokoladen-Expertin«. Eine dicke Hausfrau, fein rausgeputzt im weißen Blüschen, die unsicher auf die vor ihr aufgebauten Platten lächelt, wo jemand im Turmbau-zu-Babel-Verfahren Hunderte verschiedener Pralinenschachteln im Wirtschaftswunderdesign übereinandergestapelt hat.

Poppel lässt seinen Charme spielen. Ich will umschalten und kann nicht. »Aber ich erfreue mich hier nicht alleine an dem tollen Angebot, denn hier an meiner Seite ist die Expertin fürs Naschen, Fachfrau für Gold-Schoko-Pralinés, es ist Barbara Schweiger, die jetzt schon lange Jahre für uns immer neue Köstlichkeiten herzaubert.« Ohne, dass die Expertin wirklich etwas sagen kann, schreit Poppel: »Und wir bedanken uns an dieser Stelle für die 800. Bestellung, nur 43 Euro, das ist natürlich auch ein Hammerpreis für so viel Lecker – entschuldigen Sie die Unterbrechung, Barbara!« Barbara nimmt eine Praline aus der Schachtel, schneidet sie in zwei Hälften, hält eine Hälfte in die Kamera und sagt: »Ist mit Marzipan.«

Poppel ignoriert ihren Einwurf und schreit: »Und jetzt freue ich mich ganz besonders, denn wir haben eine Anruferin in der Leitung! Frau Kammertzki, aus Witten-Herdecke, sehe ich das richtig? Regie, ist das die Frau Kammertzki aus Witten-Herdecke?« So wie Poppel sich gebärdet, könnte man meinen, die Erbtante aus Amerika sei am Apparat. »Frau Kammertzki?« – »Kammertzik«, antwortet eine unsichtbare Stimme aus meinem Fernsehlautsprecher, eine Stimme, die sich nach zwei Schachteln Zigaretten am Tag anhört. »Kammertzik. Nicht Kammertzki. Ich bin doch kein Pole.« Poppel lacht, als wenn er an Tollwut leiden würde. »Frau Kammertzik, natürlich, Frau Kammertzik, und haben Sie sich denn auch schon für unser tolles Angebot an Gold-Schoko-Pralinés entschieden, eine gute Wahl, darf ich fragen, wie viele Packungen sie bestellt haben?« Gespannt wartet Poppel. »Isch han mir mal zwei Packungen bestellt. In jeder Packung sind doch drei Kilo, woll?«, krächzt die Stimme aus Witten-Herdecke auf Millionen Fernsehbildschirmen.

»Nein«, ruft Poppel und klatscht empathisch die Hände zusammen, während Frau Schweiger neben ihm weiterhin Pralinen vierteilt, »nein, Frau Kamma-na-tzik, dreimal 500 Gramm pro Packung, aber wenn Sie auf Nummer sicher gehen wollen, sichern Sie sich jetzt ihre Ration Gold-Schoko-Pralinés, wenn Sie sechs Kilo dieser Köstlichkeiten hamstern möchten – und ich habe da wirklich Verständnis für Frau Kamma-Kamma...nirks?« – »KA-MMER-TZIK«, krächzt die Stimme aus der Hölle, einer Hölle, die wir jetzt endlich geografisch Witten-Herdecke zuordnen können. Poppels Begeisterung kennt keine Grenzen. »Dann, Frau Kammertzik, kann ich Ihnen nur eins empfehlen: Bestellen Sie lieber gleich vier Packungen – und Sie haben trotzdem nur einmal die Versandgebühr! Was sagen Sie jetzt?!«

Triumphierend hält Poppel einen Moment den Mund, und die Welt dankt ihm die Verschnaufpause, ich jedenfalls tue das. Stille. Dann Frau Kammertzik in tiefstem Sauerland-Platt:

»Weissisch jetzt nit, ob isch vier Packungen bestellen soll, woll?« – »Aber warum«, ruft Poppel, »aber warum überlegen Sie denn da noch lange, bei so einem Angebot!? Natürlich«, gibt er sich verständnisvoll, »wir müssen natürlich alle mit unserem Geld haushalten.« – »Quatsch. Isch han mir schon mal so viel von dem Schokozeusch da jekauft«, fegt die gnadenlose Stimme Poppels Einwand hinweg, »da hab isch mir die Packungen immer extra in Kühlschrank gelegt, mit 'nem Lappen drüber, dat isch da nit dauernd dran jeh.«

Poppel explodiert. »JA! Die sind ja auch lecker, die sind ja auch lecker, ach wir müssen uns ja auch mal was gönnen ...« Frau Schweiger neben ihm schneidet weiter unschuldige Pralinen in Stücke. »Jaja, gönnen«, hustet Frau Kammertzik, »aber dann beim Fernsehen gucken, bin ich doch immer wieder uffjestanden, un an den Kühlschrank dran jejangen, un dann hab ich mir eine nach der andern von dene Pralinen da rinjezimmert.« Poppel kann es nicht fassen. Eine Seelenverwandte. »Frau Kammertzik, wenn Sie doch so eine Genießerin sind, da frage ich mich doch, was hält Sie denn davon ab, bei diesem einmaligen Angebot noch mal zuzuschlagen?«

»Isch han Zucker«, sagt Frau Kammertzik.

»Zucker, ach, so ja, ich, hihi, na ...«, stottert Poppel, sichtlich um Fassung ringend. Schokoexpertin Barbara Schweiger schneidet eine Praline in vier Teile, ein stummer Vorschlag. »Zucker. Ach ja. Hm. Na. Das ist ... Lappen drüber ...«, krächzt Poppel. Fast tut er einem leid, aber eben nur fast. »Dann vielleicht doch nicht ganz so viel bestellen.« – »Ach wat«, dröhnt die Höllen-Stimme unerbittlich durch die Lautsprecher, »da hab ich mich ein bisschen mehr Insulin gespritzt, dann ging dat wieder.«

Poppel guckt und schweigt. Frau Kammertzik hatte für einen Moment geschafft, was eigentlich kaum möglich ist: Einem HCS-Moderator fehlen die Worte.

»Insulin, Zucker, ach na ja, hihi.« Poppel ringt sichtlich um Fassung und Worte. »Da wünsch ich Ihnen doch noch einen schönen Abend, und wir gucken uns jetzt mal rasch die Vorschau auf das tolle Tagesangebot am Mittwoch an: Verpassen Sie nicht ›Kochen leicht und lecker‹ mit Horst Gänsel und seinen gusseisernen Töpfen.« Auf dem Bildschirm erscheint ein Foto von Horst Gänsel, unserem lächelnden Fernseh-Opa-Koch, um die 1,70 Meter, vital, mit vollem Haar, Turnschuhen, Bäuchlein unter der Kochjacke und blitzeblauen Augen mit leichtem roten Rand, in der Hand hält Gänsel eine Art Kriegsgeschirr, ein Topf, der geschätzte zwanzig Kilo wiegen muss.

Das Bild wechselt zu einem Foto der schweren Töpfe, umkränzt von einer Grafik mit dem Slogan »Leicht und lecker«. Aber leider hat die Regie vergessen, Moderator Klaus Poppels Mikrofon abzudrehen, und so hört man den Kochtopf schreien: »Wer von euch Pennern hat die Alte denn durchgestellt!?« und Frau Schweiger fragen: »Möchten Sie eine mit Kirsch?«

Momente wie diese machen Teleshopping so schön, jedenfalls für den Zuschauer. Wenn man auf dem Sofa sitzt und Jahrmarktsgestalten einem Gartenzwerge mit Lämpchen in der Mütze, Polyester-Tiger-Tanga-Slips oder ionisierende Lufterfrischer für den Kühlschrank verkaufen wollen. Oder Schmuck: »Ein so schöner Ring, gearbeitet wie bei den Ägyptern, wissen Sie, da in den Pyramiden, wo der Tut-Elch-Armin wohnt.«

Auftakt in Rosa

Drei Uhr morgens. Keine ungewöhnliche Zeit für einen Arbeitsbeginn in dieser Branche. Wie sehr oft um diese Uhrzeit war ich schlecht gelaunt und irrte hundemüde durch das weitläufige HCS-Studio, um in das Set zu gelangen, in dem ich mit »meinen« Produkten und »meinem« Moderator versuchen sollte, die Kassen des Senders zu füllen.

Heute sollte ich neben meinem rosafarbenen Bademantel auch noch einen Plüschhosenanzug im »Beauty-Set« präsentieren. In der etwa fünfzehn Quadratmeter großen Studionische, in der bereits eine Wagenladung grellbunter Plastikklamotten darauf wartete, von mir ansprechend auf Holzbüsten dekoriert und in Szene gesetzt zu werden, konnte ich zum ersten Mal echte Puppenstubenluft schnuppern. Mir war noch nicht ganz klar, wie ich die gewagten Hosenanzüge mit Aufdrucken aus changierenden Zebrastreifen, gewagten Strassapplikationen und verschwenderischen Farbtupfern geschmackvoll arrangieren sollte. Mir war noch nicht mal klar, wie sich jemand diese Muster auch nur ausgedacht haben konnte.

Um drei Uhr nachts ist im Studio vergleichsweise wenig los. Auf die Präsentation der freakigen Bademäntel und Hosenanzüge warteten lediglich Thorsten, mein Moderator, Kochexperte Horst Gänsel, der mit seinen Töpfen nach mir dran sein würde, ich, der Aufnahmeleiter Dragan und die wenigen namenlosen Helferlein, die sich zu dieser nachtschlafenden Zeit still und träge im Studio bewegten wie bunte Fische in einem überdimensionalen Aquarium. Selbst die Kameras müssen nachts ohne Bediener auskommen und wurden aus der immerhin noch bemannten Bildregie im oberen Stockwerk des Geldspeichergebäudes ferngesteuert.

Ich unterbrach mein Unterfangen, Outfits auf Büsten zu drapieren, griff ein besonders scheußliches Oberteil und winkte damit Moderator Thorsten im gegenüberliegenden Mode-Set zu. Thorsten konzentrierte leider seine gesamte Aufmerksamkeit auf eine ebenfalls rosafarbene Unterhose, die die Kamera soeben formatfüllend ins Bild nahm. Gesegnet sei der heimische Flachbildfernseher, auf dem die Zuschauer nun 56 Zoll groß die Applikationen auf der Unterwäsche bewundern konnten: ein Schmetterling aus aufgenähten Pailletten, groß wie ein Archaeopteryx. Die Kamera zoomte auf Thorstens rundes, freundliches Gesicht unter der blonden Fönwelle.

Begeistert pries er die in den XXL-Slip eingearbeiteten Schläufchen für Slipeinlagen und Inkontinenzwindeln, die er »Ihnen zu Hause an den Fernsehbildschirmen jetzt auch mal zeigen möchte«. Dafür stülpte

Thorsten die rosafarbene Unaussprechliche von innen nach außen. Ungerührt warf Thorsten schwungvoll seinen blonden Pony aus der Stirn, zupfte an den Schlaufen für die Windel und philosophierte über »deutsche Wertarbeit«.

Außer Thorsten, den fleischfarbenen Riesenslips, mir und drei Roboterkameras wirkte das tausend Quadratmeter große Studio mit seinen Wohn- und Schlafräumen, dem Bad-, Garage- und Beauty-Sets aus Sperrholz und Pappmaschee gähnend leer, nur in der Studioküche sah ich Fernsehkoch Horst Gänsel mürrisch vor sich hin werkeln. Gänsel schnitt irgendwas in Scheiben. Ich hoffte, es war nicht der Aufnahmeleiter, dem er das bereits mehrfach angedroht hatte. Zuletzt vor ein paar Tagen, als der ihn nicht rechtzeitig über eine Ablaufänderung in Kenntnis gesetzt hatte. Das war ein recht lustiger Anblick gewesen: der baumlange Aufnahmeleiter Dragan, Modell jugoslawischer Türsteher, und davor der brüllende auf und ab hüpfende Horst Gänsel, der ihm knapp bis unter die Achseln reichte.

Moderator Thorsten warf einen raschen Blick auf den Kontrollmonitor und knipste erneut sein Lächeln an. Auf die beiden Kontrollmonitore, die von ihm aus gesehen vor den Kameras auf dem Boden standen. Nur für uns im Studio sichtbar erschien ein Name nebst Ortschaft: Frau Hoppke aus Magdeburg. Thorsten begrüßte Frau Hoppke überschwänglich, eine schlaflose Dame aus Ostdeutschland, die sich für die XXL-Unterwäsche aus Plaste und Elaste mit Inkontinenz-Schläufchen und Schmetterlingspailletten interessierte.

Realsatire, die zweite. Wenn Frau Hoppke was danebengeht

»Frau Hoppke! Das ist ja schön! Wunderbar, dass Sie anrufen! Ich freue mich so! Wie geht es Ihnen denn, Frau Hoppke?«, rief Thorsten begeistert in die Weite des Studios. Stille. Dann zwängte sich Frau Hoppkes Stimme aus dem kleinen Studiolautsprecher: »Nonü«, sächselte Frau Hoppke, »dos is ja wunderbor. Dos ich mit Ihnen spreschen kann. Wunderbor! Ich konnte nicht schlofen, da hab ich HCS eingeschaltet, und dann sehe ich diese Wäsche! Wunderbor! So schön, also, ganz wunderbor! Isch konnte ja nicht schlofen, da dachte ich, da ruf ich doch jetzt gleich mol on!« Thorsten lächelte mir ein bisschen zu viel. Jede Wette, dass der Producer im oberen Stockwerk ihm gerade heimlich Ossi-Witze über das Interface erzählte. »Frau Hoppke, hihihihi, da freue ich mich, und haben Sie denn auch zugeschlagen und sich unsere wunderschöne Damenunterwäsche bestellt?« – »Nonü«, kam es schwer verständlich durch die Leitung, »ich bin mir noch nicht gonz süscher, ob ich die bestellen soll. Wie ist dos denn, wenn donn wirklisch mol, olso ... Sie haben doch grode die Schläufschen gezeigt, für die Einlagen, also, wenn donn doch mol ein Unglück passiert, und da mol was danebengeht, ist dos denn auch wirklich woschbor, das Höschen? Wegen der schönen Pailletten? Ist dos nicht empfindlich?«

Die Bildregie, die die unbemannten Roboterkameras fernsteuerte, reagierte einen Tick zu langsam, sodass sekundenlang Thorstens fassungsloses Gesicht zu sehen war. Dann schnitt die Regie auf Kamera 2 um, die den Paillettenschmetterling in Großaufnahme zeigte.

Thorstens Gesicht erschien erst wieder, als er sich gefasst hatte. »Selbstverständlich, Frau Hoppke, also die Höschen können Sie bis sechzig Grad waschen, einfach dann wieder in Form zupfen und anziehen, die werden auch Ihrem Mann gefallen.« – »Mein Mann ist tot. Krebs«, sagte Frau Hoppke. »Ach«, sagte Thorsten. »Ja«, sagte Frau Hoppke, verfolgte dieses Thema aber nicht weiter, sondern wurde in ihrer Fragestellung bezüglich der Waschanleitung etwas deutlicher. »Nonü, isch mein, wenn do mol rischtig wos danebengegangen ist. Also auch groß?!« Ich war mir relativ sicher, dass die komplette Bildregie drei Stockwerke über uns nach Luft schnappend am Boden lag, während Frau Hoppke ausholte, um das Thema ein wenig mehr zu illustrieren. »Ja also, wenn, dos ist, hach, Sie wissen jo, wie dos ist. Man verträgt einfach nicht mehr alles im Alter. Zum Beispiel, wenn ich sehr fettig esse, auch ihre Schoko-Pralinés do letztens, wo die Frau mit dem Zucker doch angerufen hatte ...«, Thorsten schnappte nach Luft. Frau Hoppke legte nach: »Und donn wollte isch noch wissen – der Schmetterling do, der gefällt mir nischt so –, hoben Sie da auch noch andere Tiere? Oder wos mit ›Blauener Schbitze‹?« – »Vielleicht telefonieren wir nach der Sendung noch mal, Frau Hoppke, hinterlassen Sie doch einfach bitte Ihre Telefonnummer«, keuchte Thorsten und beendete das Gespräch.

Die Bildregie verschaffte dem gequälten Moderator eine gnädige Atempause und spielte einen Werbefilm für das morgige Tagesangebot ein: Auf dem Bildschirm erschien Tillmann D., DER Teleshopping-Star, selbstverständlich und extrovertiert schwul, wie es nun mal nach landläufigem Verständnis erfolgreiche Modedesigner und Starfriseure zu sein haben. Das blonde Haar mit Strähnchen in der üblichen Windstoßfrisur von hinten nach vorn ins Gesicht fallend, den Scheitelpunkt irgendwo am Hinterkopf, den Pony kurz vor der Nasenspitze endend, in ein grün schillerndes Jackett gezwängt.

Der Teleshopping-Star war nicht einfach nur auf dem Monitor zu sehen, nein, er hielt Hof auf einem goldenen Sesselchen, im linken Arm einen dieser langfelligen 200-Gramm-Hunde in den Abmessungen eines Papageis. Tillmann wedelte mit der manikürten Rechten in der Luft und verkündete nasal: »Meine Damen, meine Damen, jetzt kommt endlich eine Mode, die das ewig Weibliche beschwört, in meiner Mode, meine Damen, wird nichts kaschiert und nichts versteckt. Bei mir dürfen Frauen Frauen sein, geheimnisvoll, schön, weiblich – gerade die sehr weiblichen Frauen. Ich mache Sie alle zu Mata Hari!« Der kleine Hund auf seinem Arm nahm die Lüge gelassen hin und leckte sich das Pfötchen. »Gerade in den starken Übergrößen bis hin zu 60, 62, 64«, quäkte Tillmann D. Damit gewann er die Herzen unserer XXL-Zuschauerinnen. Ich stellte mir die kräftigen Damen in seiner Mode vor, Rüschen, Tüll und Strass. Pomp und Glamour und straußeneiergroße Plastiksteine. Schleifen, Pailletten und Minirock. Ich fragte mich ernsthaft, ob Tillmann D. vorhatte, uns Frauen in überdimensionale Daisy Ducks zu verwandeln.

Lustlos drapierte ich weiter in meinem sogenannten Beauty-Set Plastikschund auf kopflose Schaufensterbüsten, derweil eine Armada von Daisy Ducks über den Bildschirm defilierte, ein Ausschnitt aus einer Tillmann-D.-Modenshow. Das Bild wechselte erneut zu Tillmann in Großaufnahme, seitlich hingeschmiegt auf einem Tigerfellbett, große Kissen im Rücken, den papageiengroßen Hund vorm Bauch. Im Hintergrund leckten Feuerzungen verführerisch am Kamin. Wo lernte man seinen Modedesigner sonst so nah und intim kennen. Ich war mir sicher, dass diese Marketingstrategie bei den vielen einsamen Herzen unserer Käuferinnen funktionierte. Tillmann D. schüttelte sich den Pony aus dem Gesicht, verzog die gemalten Augenbrauen, warf die mit Strassklunkern behangenen Hände in die Luft und verkündete nasal: »Seien Sie übermorgen dabei, wenn ich Ihnen unsere aktuelle Modekollektion präsentieren darf – die Tillmann-D.-Kollektion für die Mata Hari in uns.«

Ich warf einen Blick ins gegenüberliegende Set zu Thorsten. Den Moderator nahm das alles sehr mit. Während Tillmann D. auf dem Monitor schillerte, stülpte sich Thorsten einen Zirkuszelt-großen BH aus der Archaeopteryx-Kollektion über seine wippende Fönwelle. Trotz BH behielt er allerdings den linken Preview-Monitor im Auge. Der Humor unserer US-amerikanischen Fernsehchefs, millionenschwerer Investoren und der HCS-Studiobosse bewegt sich auf einem eher rudimentären Level. »Das Produkt ist der Star« ist unser Leitsatz – und einen Star macht man nicht lächerlich. Das besorgen die schon selbst.

Der linke Preview-Monitor, also Vorschau-Monitor, zeigte Thorsten mit rosa Zirkuszelt-BH auf dem Kopf. Nicht weiter schlimm, weil es keiner außer uns im Studio sah. Der rechte On-air-Monitor, also Sendungsmonitor, zeigte einen Werbefilm mit Tillmann D. auf einem Tigerfell. Schlimm, weil es so viele sehen wollen.

Auf dem Preview-Monitor lief ein Minuten- und Sekundenzähler rückwärts gegen null. Irgendwo in einer dunklen Ecke zählte jemand »zehn, neun, acht ...« analog zu dem rückwärts laufenden Sekundenzähler auf dem Monitor. Ein bis gerade noch unsichtbares Helferlein, ein sogenannter »Product Coordinator«, zählte laut und reichte Thorsten zugleich neue Reizwäsche. Durch das laute Zählen wurden alle wieder wach, gleich sendeten wir wieder live und keinen Werbefilm aus der Dose. Tillmann D. auf seinem Tigerfell winkte Abschied nehmend in die Kamera. Moderator Thorsten setzte ein seriöses Gesicht auf und griff mit spitzen Fingern zu einem fleischfarbenen Dessous. »Drei, zwei, eins ...«, ertönte das müde Stimmchen des Helferleins. Tillmann D. schillerte ein letztes Mal über Millionen heimischer Bildschirme, und Thorsten nahm mitsamt BH lächelnd seinen Platz auf dem On-air-Monitor ein.

Ich überließ Thorsten seinem Schicksal, er hatte es selbst gewählt und wurde gut dafür bezahlt. Im Übrigen musste ich endlich im sogenannten Beauty-Set meine Kollektion aus grell bedruckter Chemie fertig drapieren. Das eigentlich vorgesehene Mode-Set hatte Planing, unsere Planungsabteilung, ja schon mit Thorsten und den fleischfarbenen Scheußlichkeiten belegt.

Ich warf einen Blick auf meine Uhr. Bald vier. Meine Sendung begann um fünf. Um Viertel vor fünf würde ich verkabelt werden, so ich Dragan, den Aufnahmeleiter, auftreiben konnte. Vorher musste ich noch meinem Set den letzten Schliff verpassen und schlimmstenfalls ein Product-Coordinator-Helferlein auftreiben, um eventuell fehlende Ware vom Lager zu erhalten. Nicht zu vergessen: Haare mit Lockenstab aufdrehen und Schminken.

Punkt Viertel vor fünf fand ich mich mit den anderen Gästen der Fünf-Uhr-Stunde zum Verkabeln beim Aufnahmeleiter ein. Die Örtlichkeiten der Aufnahmeleitung bei HCS ähneln einem Obdachlosenasyl.

Kurz vor fünf war ich bereit, der Welt zu geben, was sie definitiv nicht brauchte: rosa Puschel-Bademäntel, die ab sofort unauslöschlich mit meinem Gesicht in Verbindung gebracht werden würden!

Wenn der Kunde sich zu Wort meldet – Teil 2: Kundenbewertungen im Internet

Neben den Anrufen während einer Verkaufssendung sind die Bewertungen unserer Produkte auf der Internetseite ein weiteres kostenloses und enorm wichtiges Verkaufsargument für den Sender. Die Bewertungen sind authentisch, die Kundin von nebenan liest dort, was eine andere Kundin geschrieben hat, und fühlt sich auf Augenhöhe angesprochen. Letztlich auch vom Sender.

Und das sieht dann so aus:

Realsatire, die dritte. »Tabs für die Schbüllmaschine«

Wahnsinn!

»Ich bin eine sehr akribische ›Gesichtssaubermacherin‹, d. h., ich nehme das Abschminken richtig ernst. Der Präsentation hab ich kein bisschen vertraut. Man braucht doch Abschminkprodukte, und nicht nur so einen Lappen! Trotzdem hat es mich gereizt: Was bleibt in den Poren – auch wenn man immer abends eine halbe Stunde zugange ist mit alles? Und

ich meine damit das volle Programm: Augenabschminke, Gesichtsabschminke und Gesichtsreinigung von einem teuren Anbieter. Und dann unglaublich, das hätte ich nie für möglich gehalten: Das weiße Tuch sah so aus, als hätte ich fast gar nichts unternommen. Da fragt man sich doch, wofür man all die Jahre Geld ausgegeben hat!«

Vertraue!
»Wir haben die Tabs für die Schbüllmaschine – sind sehr zufrieden. Daswegen behalte ich Kalkstop-Tabs. Leider in der Waschmaschine kann mann nichts sehen.«

Super!
»Bin sehr zufrieden. War am Anfang auch skeptisch, aber nach mehrmaligen Benutzen hat sich eine große Kruste Kalk und Urinstein gelöst, dort, wo man gar nicht richtig hinkommt. Ich benutze die Tabs einmal wöchentlich, dass solche Verkrustungen gar nicht mehr vorkommen. Werde das Produkt unbedingt wieder kaufen.«

Auch enttäuschte Kunden melden sich zu Wort:

Hält, was es verspricht!
»vorteil: ich bekomme es nach hause geliefert; das wars auch schon.«

Manch selbst ernannter Journalist vernachlässigte enttäuscht die Berichterstattungspflicht:

Für mich wie jede anderen Tabs auch!
»Sie machen sauber, wie andere auch. Mehr kann ich hier nicht dazu berichten.«

WC-Tabs gut!
»Die größere Anforderung ist eine ältere Toilette bei einem Freund, da ist wahrscheinlich die Einwirkzeit noch zu kurz gewesen ... Ich bleibe da dran, will, dass dort auch das WC-Becken wieder weiß ist :-).«

Über HCS gelangte ich zu Facebook, wo sich einige gleich gesinnte Menschen über das nächste Tagesangebot, Kerzen ohne echte Flamme, sondern mit LED-Lämpchen, austauschten.

Besonders der Kommentar von Karin M. berührte mich tief.

Karin M.: *Ich weiß, was das neue Tagesangebot von Kerzen ohne Feuer ist. Total schön. Fünf Kerzen mit Fernbedienung, und man kann den Farbwechsel selber einstellen. Mal sehen, was diese Kerzen kosten.*

Doch schon wenig später machte sich bei Karin Enttäuschung breit.

Hab mich so sehr auf die Kerzen ohne Feuer gefreut. Wie sagt man so schön? Vorfreude ist die schönste Freude. Das Tagesangebot ist echt – für mich – sehr schön. Aber jetzt kommt es: zu teuer für mich. Kosten rund 40 Euro. Das ist für mich zu teuer. Schade, Schade, Schade. Ist halt so. Selavi – so ist das Leben.

Glaubwürdigkeit ist beim Teleshopping das oberste Gebot. Mit den Anrufen und den Bewertungen im Internet sorgen wir für größtmögliche Glaubwürdigkeit.

Teleshopper müssen Illusionskünstler sein

Das, was Sie auf Ihrem Bildschirm sehen, sind im Regelfall Moderator und Gast in einem der erwähnten »Sets«. Die Auswahl des Sets richtet sich nach dem Produkt – eine Bettwäsche präsentieren wir im Schlafzimmer-Set, eine Gummi-Backform im Küchen-Set, einen Putzlappen im Bad oder in der Küche, einen Staubsauger auf dem Wohnzimmerteppich. Genau wie in einer Puppenstube funktioniert natürlich nur das wenigste. In unserem Bad fließt aus diesem Grund kein Wasser aus dem Hahn, weil hinter dem Waschbecken keine Leitung ist, sondern eine Pappwand.

Der Zuschauer allerdings sieht ein Waschbecken und damit auch die Illusion einer funktionierenden Wasserleitung, mit dem Experten und dem Moderator als Illusionskünstler. Denn wir tun schließlich so, als wenn wir in einem voll funktionstüchtigen Raum eines Hauses stünden. So ganz einfach ist das mit der Illusion allerdings auch nicht immer.

Ich erinnere mich noch genau an den Moment, als einer unserer neuen Putzmittelexperten für eine Produktpräsentation fließendes Wasser benötigte, weil er demonstrieren wollte, wie einfach sein Putzmittel Schmutz vom Waschbecken entfernen könne. Schmutz, den er extra aus Dreck angerührt und großflächig auf dem Waschbecken verteilt hatte. Doch woher nun fließendes Wasser nehmen? Der Studiochef höchstpersönlich nahm sich der Sache an und gebar die Idee, einen Zwanzig-Liter-Tank voll Wasser im Schränkchen unterm Waschbecken zu verstecken, damit oben Wasser aus dem Hahn fließen und der Experte seine Demo zeigen könne. Eine Pumpe beförderte das Wasser aus dem Tank in den Wasserhahn darüber. Das schmutzige Wasser floss durch den Siphon zurück in den Tank. Genial. Zwei Dinge hatte der Studiochef leider übersehen: 1. Die Pumpe machte einen Heidenlärm. 2. Nach einer Minute des bizarren Kreislaufs floss dreckiges Wasser aus dem Hahn.

Pech für den Putzmittelexperten, viel Spaß für unsere Zuschauer. Dergleichen Pleiten, Pech und Pannen lassen sich bei 24-Stunden-Live-Betrieb nicht unter den Tisch kehren. Böse Zungen behaupten, dass viele Zuschauer nur auf derartige Specials warten. Unnötig zu erwähnen, dass niemand, dem sein Job lieb war, den Studiochef auf seinen Fehler ansprach.

Um das Bild eines schockgefrorenen Putzlappenexperten zu erzeugen, dem dreckiges Wasser über die Hand läuft, sowie den danebenstehenden Moderator, der »erstaunlich«, »sensationell« und »Kann mal einer die verdammte Pumpe ausmachen« brüllt, benutzen wir mehrere Kameras. Zwei Kameras außen sind eher für die Details, die sogenannten Nahaufnahmen, zuständig:

Hand an Putzlappen, Schmutz an Wasserhahn, lächelnder redender Kopf. Die dritte Kamera in der Mitte zeigt die Totale. Also eine Aufnahme des Gesamtbildes: Normaler- und idealerweise Harmonie pur, in diesem konkreten Fall jedoch: Badezimmer mit brüllendem Moderator und schockgefrorenem Experten darin, während hinter den beiden die Pumpe röhrt und schmutziges Wasser aus dem Hahn fließt.

Manchmal setzen wir zusätzlich eine vierte schwenkbare Kamera am drei Meter hohen Kameraarm ein und können so Dreck, Putzmittelexperten oder Moderator aus der Vogelperspektive zeigen. Die drei oder vier Kameras werden tagsüber meist von echten Menschen bedient – zumindest solange man sie nicht durch chinesische Ein-Cent-Jobber fernsteuern lassen kann.

Vor den drei Kameras stehen von uns aus gesehen zwei Monitore auf dem Boden, damit wir möglichst unauffällig kontrollieren können, was der Zuschauer sieht und uns gegebenenfalls ein wenig drehen oder den Lappen anders halten.

Unser wichtigstes Arbeitsinstrument ist der linke Preview-Monitor. Er zeigt, was gleich zu sehen sein wird. Daher Preview – Vorschau. Wir gucken oft heimlich in den Preview-Monitor – manchmal zu oft. Das sieht dann zu Hause aus, als wenn wir auf den Boden gucken oder vor Scham die Augen niederschlagen. Aber die Scham verliert man als Erstes in diesem Geschäft. In Wirklichkeit gucken wir in den Monitor, der auf dem Boden steht. Und sehen, ob wir gut aussehen, der Lippenstift sitzt, die Hose nicht offen ist und wir das Produkt so halten, dass die Kameraleute Details gut filmen können.

Der rechte On-air-Monitor zeigt, was gerade über Millionen Bildschirme flimmert. Daher »on air«: auf Sendung.

Essensillusionen in der Prep-Küche

Apropos Illusionskünstler. Die Prep- oder Vorgar-Küche habe ich ja schon erwähnt. Auch sie spielt eine gewichtige Rolle bei der Erzeugung von Illusionen, nämlich denen von genießbarem Essen. Zum Glück hatte ich selbst nie vor der Kamera etwas mit diesem Essen zu tun. Denn hinter den Kulissen bekam ich von unserem freundlichen Fernsehkoch Horst Gänsel mehr als einmal vorgeführt, was wirklich Sache war.

So hatte ich Gänsel unmittelbar vor einer Show mal im Küchen-Set bei den letzten Vorbereitungen gesehen. Er ließ Wasser über sein Schneidebrett laufen, bevor er eine neue Schicht Gemüse auf das Brettchen türmte. Trotz der farbigen Kreise aus Strasssteinen und Zebramustern vor meinen müden Augen konnte ich erkennen, dass Gänsel Zwiebeln, Zucchini, Möhrchen hackte. Sah frisch und lecker aus. Aber: Danach kann man beim Teleshopping eben nicht immer gehen. Unser Essen muss ja nur für die Kamera frisch aussehen, nach der Sendung werden die Braten meist weggeworfen. Nicht selten benutzen wir für die Showtime deutlich abgelaufene Lebensmittel. Muss ja nur gut aussehen. Wenn der Braten wirklich noch frisch ist, schneidet ihn die Küchencrew auf und fordert uns explizit zum Essen auf. Sonst sollte man das lieber lassen.

Bei Gemüse allerdings, war ich mir sicher, konnte man nicht schummeln. Eine welke Möhre ist eine welke Möhre und sieht wie eine welke Möhre aus. Ich angelte mir ein rotes Exemplar von Gänsels Schneidebrett, woraufhin Gänsel mir unwirsch auf die Finger schlug. »Iss das nicht, Andrea. Ist Haarspray dran. Konserviert. Könnte ich den ganzen Botox-Bunkern von eurer Mode- und Haushaltswarencrew eigentlich glatt verkaufen. Deinen glatt gespritzten Tussen da.« Ich lauschte ergriffen unserem netten Opi-Koch, der im Fernsehen immer so liebenswürdig und höflich war. »Bah«, grantelte Gänsel und schaufelte das grob vorgeschnittene Gemüse neben einen Gemüsezerkleinerer, den er offenbar nebst Schneidebrettchen ebenfalls zu verkaufen gedachte. »Schätzchen, wenn du Hunger hast: Neben der Kaffeemaschine liegen Croissants, die kannst du essen. Aber rühr den Kuchen daneben nicht an, der ist mindestens zwei Wochen alt, die Sahne lernt gerade sprechen«, präzisierte unser lieber Fernsehkoch Onkel Gänsel. »Und Finger weg von den Kühlschränken – brauch ich alles für mein Tagesangebot übermorgen.«

»Was haste denn für ein Tagesangebot?«, fragte ich interessiert. Gänsel lief puterrot an. »Frag nicht. Sag nichts. Gusseiserne Töpfe! Wer bestellt denn gusseiserne Töpfe! Für 89 Euro drei Stück! Wenn dir einer davon beim Spülen runterfällt, hast du den Zeh gebrochen! Und wer muss es verkaufen – ich!« Ich tätschelte

Gänsel über den Arm, verließ das Studio und ging über den kleinen Gang in die Vorgar-Küche, um Croissants und Kaffee einen Besuch abzustatten.

Die Schwarzwälder Kirschtorte mit der sprechenden Sahne ließ ich geflissentlich unberührt. Mir war, als hörte ich Salmonellen kichern. Wenn einem einer von der Küchencrew sagte: »Iss den Kuchen nicht!«, sollte man das sehr ernst nehmen. Nur Moderatoren, die sich wirklich bei uns Verkäufern unbeliebt gemacht hatten, hielt Gänsel schon mal solch ein Stückchen Kuchen hin. Woraufhin die ihre nächsten Moderationen, in der Regel drei Stunden am Stück, mehrfach unterbrechen mussten, um aufs Klo zu rennen.

Horst Gänsel, ein lustiger, freundlicher Mann, sah aus wie ein liebenswerter Fernseh-Opi, dessen ganze Leidenschaft dem Kochen gehört. In Wirklichkeit gehörte seine Leidenschaft der Fäkalsprache und vollbusigen Blondinen, die im Schnitt vierzig Jahre jünger waren als er. Noch an einem Croissant knabbernd, kehrte ich aus der Vorgar-Küche zurück und lehnte mich an die Theke der Studioküche. Ich zeigte auf die Plastikschneidebretter in Beige, Türkis und Hellgelb, die Gänsel in der Sieben-Uhr-Stunde präsentieren sollte. »Was ist denn da jetzt so furchtbar dran? Sieht doch ganz praktisch aus – genau wie dein Gemüsezerkleinerer da.« Gänsel warf mir einen unwirschen Blick zu. »Von dem will ich gar nicht reden. Nur Retouren. Schlecht zu reinigen. Haben die wieder gepennt beim Einkauf. Letztens hatte ich ein Superprodukt, Preis, Qualität, alles super, aber hier die Sch…«, er hackte wütend auf das Schneidebrettchen vor sich, »hier, ein Plastikbrett mit antibakterieller Ausrüstung! Antibakterielle Ausrüstung! Unser ganzer Darm ist voller Bakterien, eine wandelnde Bakterienkolonie sind wir, jawohl, aber Hauptsache, die Schneidebrettchen hier sind mit Chemie getränkt. Und was gibt's dazu?!«, rief Gänsel anklagend und zeigte mit seinem dicken Zeigefinger auf mich. Ich zuckte die Schultern. »Das passende Messerchen«, rief Gänsel empört! »Und jetzt guck hier, Andrea, guck hier«, er drückte auf eine Stelle des Messerchens und ein Lämpchen, ähnlich einer Taschenlampe, leuchtete an der Spitze auf, »so eine Sch…! Was soll das denn! Eine Taschenlampe am Messer! Wo schneiden die denn zu Hause ihre verdammten Zwiebeln?! Im Dunkeln? Und dann hier, er drückte feste seitlich auf das Messer, das unter seinem Gewicht splitterte – toll was?!« Gänsel rezitierte freigiebig aus seinem beachtlichen Fäkalien-Wortschatz. Gleich, wenn die Studiolampen der Küchen aufleuchteten, die Kameramänner auf Position gingen und der Moderator erschien, würde ich dann wieder staunend seine Verwandlung in Gänsel, den liebenswürdigen Fernseh-Opi, erleben. Ich verspeiste genüsslich meinen letzten Bissen Croissant.

Gänsels Küchenkollege Guido Firenze, unser italienischer Fernsehkoch, bog um die Ecke und wendete einen Braten in dem erstaunlicherweise funktionierenden Backofen unserer Studioküche. »Ist der Braten noch gut?«, fragte ich misstrauisch, denn bei diesen irren Arbeitszeiten hat man auch mal morgens um fünf Hunger auf Fleisch. Firenze zuckte die Achseln. »Miär egäl«, sagte er, und rief laut ein paar ausländisch klingende Worte zu seiner Küchenhelferin herüber, die in der Vorgar-Küche das Geschirr abwusch. »Italienisch«, sagte ich beeindruckt, »die Sprache der Liebe.« Gänsel warf mir einen verächtlichen Blick zu. »Italiener. Der Guido ist Pole und heißt Dariusz. Du glaubst auch alles.« – »Aber der italienische Akzent«, rief ich hilflos. »Du glaubst je-den-Mist«, wiederholte Gänsel und leuchtete mir mit seinem hellgelben Plastikmesser mit Leuchtdiode an der Spitze in die Augen. »Hast du Drogen genommen?« – »Nein«, rief ich empört. »Selber schuld«, sagte Gänsel. In der Prep-Küche zeterte die Küchenhelferin von Firenze alias Dariusz, worauf unser italienischer Fernsehkoch Dariusz mit einem Schwall polnischer Schimpfwörter antwortete.

In der Prep-Küche für die Experten

Das Aufnahmeleiter-Eckchen ist zwar räumlich wirklich nur ein Eckchen, es beherbergt jedoch keineswegs nur den Aufnahmeleiter, sondern ist auch eine Art Ableger der sogenannten Gästelounge im oberen Stockwerk. Hier, hinter der Potemkinschen Rückwand unserer Mode-Set-Puppenstube, halten wir Experten oder »Gäste«, wie wir eben auch genannt werden, uns während der Sendung auf. In den Stunden davor sollen wir möglichst aus dem Studio verschwinden, um den Lärmpegel gering zu halten. Zum Beispiel in die Kantine, oder eben in die Gästelounge im ersten Stock, wo wir uns schminken, reden, fernsehen. Der »Gaststatus« bei HCS hat dabei nichts mit zuvorkommender Höflichkeit zu tun, die man Gästen gegenüber an den Tag legt, sondern ähnelt eher dem früheren Gastarbeiterstatus.

Unser Aufnahmeleiter-Eckchen ist die letzte Station vor der Show, hier warten wir auf den Einsatz, tuschen uns noch mal über, bekommen unsere Mikrofone angesteckt. Es ist gewissermaßen die Prep-Küche für uns Experten. Gar wird man in der kleinen Butze dabei ganz schnell, denn bei Verkaufsshows, die zwei oder drei Stunden dauern, sind wir gerne auch mal um die zwölf Experten. Auf ca. dreißig Quadratmetern, denn das Aufnahmeleiter-Eckchen ist vielleicht drei Meter breit, ein Meter davon ist bereits durch den Aufnahmeleiter-Schreibtisch belegt, und zehn Meter lang. Letztlich ist es nur der etwas verbreiterte Gang zwischen der Rückwand unseres Potemkinschen Mode-Sets und der tatsächlichen Studiowand. Also der Gang zwischen innerem und äußerem Oval. Über uns hängen Kabel und Lampen aus der hohen Studiodecke und alle möglichen Requisiten, Aufbewahrungs- und Dekorationsgegenstände türmen sich an der Studiowand. Dazwischen befindet sich unser wenig glamouröses Eckchen. Zum Obdachlosenasyl-Charme trägt ein schäbiges, abgewetztes Sofa mit maximal drei Plätzen bei, das aus den Büros der Verwaltung aussortiert wurde, schon auf dem Sperrmüll stand und nach kurzem Innehalten notdürftig gereinigt, für uns »Experten« in die Aufnahmeleitung gestellt wurde.

Wir streiten uns dann um drei Sofaplätze und ein paar Klappstühle, als wäre das der Schlüssel zur Aufenthaltsgenehmigung. Neben unserem Obdachlosen-Sofa befindet sich das durch einen Vorhang notdürftig abgetrennte Model-Separee, in dem sich die bereits vorgestylten Männer und Frauen, zum Beispiel während den Unterwäscheshows oder Modestunden, rasch mehrfach umziehen können. Um dann jeweils zu ihrem Einsatz an unserer Couch vorbeizudefilieren, um die Ecke ins Studio – und rein ins Mode-Set. Bei Übergrößenshows kann das anatomisch sehr lehrreich sein. Wir dürfen aber nie laut lachen, a) um die Models nicht zu verletzen und b) weil man uns sonst auf der anderen Seite der Bretterwand während der Verkaufsshow hören würde.

Über dem Aufnahmeleiter-Schreibtisch, hinter der Rückwand des Mode-Sets, befinden sich vier Überwachungsmonitore, die verschiedene Perspektiven des Studios zeigen. Außerdem Preview- und On-air-Monitore, die dieselben Bilder zeigen, wie Preview- und On-air-Monitor vor den Kameras. So können wir auch vom Sofa aus die Shows verfolgen und notfalls rechtzeitig merken, wenn wir »dran« sind. Ein Schrank mit Verbandszeug, Mikrofonen, Knopf-im-Ohr für die Moderatoren und Traubenzucker für übernächtigte Experten rundet das Aufnahmeleiter-Eckchen ab. Wenn das Studio ein Potemkinsches Dorf ist, ist das Aufnahmeleiter-Eckchen die Hundehütte.

Unser Team – ein Spielfeld für soziologische Feldstudien

Nachdem die rosa Bademäntel als Einstiegsdroge gewirkt hatten, war ich bald regelmäßig mit ähnlichen Modeverbrechen on air.

Gerne verbrachte ich Zeit vor den Verkaufseinsätzen mit Feldstudien unserer Expertinnentruppe. So auch an diesem Morgen. Ich betrachtete also unsere kleine Expertinnenrunde. Bislang waren wir fünf. Für eine so frühe Doppelstunde waren wir gut besetzt, normalerweise spart das Management an Personal, wo es möglich ist.

»Wo bleibt denn unser Moderator?«, fragte Petra Berger, die direkt neben mir saß. Petra war blond und entsprach leider auch den gängigen Klischees über Frauen mit dieser Haarfarbe, wie ich im Laufe der Zeit feststellen sollte. »Kommt schon noch«, sagte Birgit und verdrehte sich vor dem Garderobenspiegel neben unserm Sofa in der Taille um ca. 160 Grad, um den Sitz der Hose am Hintern zu überprüfen (Frauen lernen diese Drehung alle in frühester Jugend, nur für diesen einen Blick). Sie lächelte noch einmal kokett in den Spiegel und setzte sich auf einen Klappstuhl, legte den Kopf zwischen die Knie und ließ die Welt in einer Wolke von Haarspray verschwinden.

Petra Berger wedelte mit der manikürten Rechten ein Loch in die Haarspraywolke und wiederholte ihre Frage. »Wo bleibt denn unser Moderator?«, fragte sie und strich über ihre glänzende Bluse, ein unfassbar kitschiges knallig rotes Oberteil. Petra Berger war nett, wie fast alle Kolleginnen, um die fünfzig Jahre alt, hatte einen nicht nachzuvollziehenden Geschmack, war Ironieresistent und fand alles wunderbar, was bei HCS verkauft wurde: Solarzwerge mit Willkommensschild für den Vorgarten, Tiffanylampen im Krokodilformat mit Birne im Schwanz, Kerzen aus Plastik mit Fernbedienung, die in vier verschiedenen Farben flackerten, sogar grün, und natürlich ganz besonders die komplette Tillmann-D.-Kollektion. Mir machen solche Menschen Angst.

»Wer ist denn jetzt überhaupt unser Moderator und wo denn?«, fragte Petra lauthals und ungeduldig, schüttelte ihren Haarspray-gedrillten blonden Pagenkopf, schlug die kornblumenblauen Augen mit den dauergewellten Wimpern auf und lächelte. Sie hatte recht. On air liefen gerade schon die Werbetrailer mit den Tagesangeboten der kommenden Tage und Woche. Bald musste wieder jemand live auf der Mattscheibe erscheinen, naturgemäß der Moderator unserer zwei Stunden.

Martina Schönhauser, eines der bekanntesten Gesichter von HCS, wand sich auf dem Obdachlosen-Sofa zu Petra, strich sich über das aktuell gerade mal braune Haar und verdrehte die perfekt geschminkten Augen. »Wird schon gleich kommen! Die Moni geht doch mit uns auf Sendung!« Martina war auf eine undefinierbare Art hübsch, undefinierbar wie ihr wahres Alter. Eine Siebzigerjahre-Schönheit mit brünetten Locken, einer winzigen Stupsnase und perfekt geschnitzten Kurven. Eine Berufsjugendliche, zu deren engerem Freundeskreis ein Schönheitschirurg zählte, den sie ebenso oft konsultierte (»Guck mal, ich hab mir die Taille absaugen lassen«) wie den Zahnarzt (»Guck mal, ich hab mir die Zähne machen lassen, 3000 Euro«), den Friseur (»Guck mal, ich hab mir Extensions machen lassen, 1000 Euro«) und die Modemeile der Innenstadt (»Guck mal, ich hab mir einen Gürtel machen lassen, 700 Euro!«).

Martinas Gesicht gehörte einer der bestverkauften Linien von HCS, nämlich der eingangs erwähnten Marke namens »Prinzessin der Lüfte«. Dazu zählten süße schwere Parfumdüfte ebenso wie eine Schaumstoffnackenrolle namens »Lufti-Kuss«. Die Schaumstoffwurst »Lufti-Kuss« konnte man mit wenigen Handgriffen in eine jeweils andere Form bringen: ein Kopfkissen, eine Sitzauflage, eine Fußrolle.

Über Martinas altersloses Konterfei verkaufte der Sender also »Prinzessin-der-Lüfte«-Parfums, -Kleider, -Teppiche, -Druckknöpfe, -Applikationen und eben jenen Verkaufsschlager »Lufti-Kuss«, der so gut im Sortiment lief, dass er sogar einen eigenen Namen bekommen hatte. Martina war somit quasi rund um die Uhr anwesend.

Sie wohnte sozusagen im Aufnahmeleiter-Schrank, zumindest vermuteten wir das.

Martina stieß Birgit an, die zu schlafen schien. Birgit gehörte zu den dienstältesten Teleshopperinnen Deutschlands und hatte nach fünfzehn Jahren 24-Stunden-Schichtbetrieb gelernt, überall, zu jeder Zeit, bei jedem Lärm und in jeder Position einzuschlafen. Ihr Schlafdefizit war nach diesen fünfzehn Jahren trotzdem gigantisch. Man konnte sie neben einer Baustelle in einer Menschenmenge unter Flutlicht an eine Wand lehnen – sie würde schlafen. Jetzt öffnete Birgit ruckartig die Augen, sprang auf und wollte in der irrigen Annahme, ihr Sell habe begonnen, ins Set rennen. »Bleib sitzen«, lachte Martina Schönhauser, soweit es ihre gestraffte Haut erlaubte. Zum Lachen legte sie stets den Kopf in den Nacken, dann öffnete sich der Mund von selbst. Sie schubste Birgit, die sofort wieder einzuschlafen drohte.

Birgit schüttelte den Schlaf ab und ihre blonden Ponyfransen in Form. Sie drehte sich auf dem Klappstuhl zurück zum Spiegel und begann ihre Grand-Canyon-tiefen Augenringe mit weißer Clownsschminke zu überdecken. Einfacher Concealer reicht bei uns älteren Teleshopperinnen oft nicht mehr. Wenn unser Produkt Erfolg hat, sind wir oft jahrelang Tag und Nacht on air und schlafen manchmal nur drei, vier Stunden am Stück. Ergo haben wir solche Ränder unter den Augen, dass nur noch Clownsschminke vom Karnevalsbedarf hilft.

Moni, eine pummelige, nette Moderatorin mittleren Alters, beendete im Sturmschritt alle Diskussionen und riss mich aus saumseligen Gedanken. Senol, der mittlerweile Dragan als Aufnahmeleiter abgelöst hatte, steckte ihr hastig ein Mikrofon an den Kragen. Moni ließ das Kabel verschwinden und stopfte den Sender hinten in den Gürtel. Mit der rechten Hand befestigte sie den unsichtbaren Knopf im Ohr, mit der Linken warf sie uns allen eine Kusshand zu und rannte hastig ins Set, um mit der Vorschau auf die kommende Doppelstunde zu beginnen. Ich guckte auf den Stundenplan. Ich stand irgendwo an vierter oder fünfter Stelle, bei ca. zehn Minuten pro Sell blieb mir eine gemütliche halbe Stunde, bis die Welt an meinem ganz persönlichen Mode-Armageddon teilhaben durfte. Birgit zog vor dem Spiegel einen Schmollmund, drehte den Kopf leicht schräg, überprüfte den Sitz von Gesicht und Frisur und arrangierte ihr Ansteckmikrofon über dem Twinset. Eingeklemmt zwischen Petra und Martina auf dem kleinen Dreisitzer, entschied ich mich für Petra Bergers weiche Glanzbluse, kuschelte mich an und döste gemütlich vor mich hin.

Martina betrachtete naserümpfend mein Kaufhausoutfit, entschied sich aufzustehen und setzte sich übervorsichtig auf einen Klappstuhl, wobei sie ein schmales Jeansbein langsam über das andere legte. Martina trug gern sündhaft teure Jeansanzüge. Jeansanzüge machen jung.

Iris Döbler-Schmitz, eine weitere Kollegin, ließ sich sofort auf die frei gewordene Sofastelle fallen. Döbler-Schmitz war klein, rothaarig, hatte Beine wie Säulen, ein prächtiges Gebiss, das sie entblößte, wann immer es ihr nützen konnte, und eine, wie ich vermutete, aus den Häuten ihrer Feinde gefertigte riesengroße Damenhandtasche. Letztere trug sie gern modisch eingeklemmt in der Armbeuge hängend, die Hand hing wie gebrochen darüber. Das durch den Knick am Ellenbogen kurz anmutende Stummelärmchen, das Hängepfötchen, die Kauleiste, die Säulenbeine und die berechnende Ausstrahlung: Mich erinnerte Döbler-Schmitz stets an einen Tyrannosaurus Rex. Zudem versorgte sie als Alleinerziehende eine Tochter. Döbler-Schmitz, so empfand ich, nahm jede Chance wahr, Beute zu reißen. Auch die Beute der anderen.

Döbler-Schmitz war unser Identifikationsmodell für die Durchschnittskonsumentin: nicht besonders hübsch, vom Schicksal gebeutelt und dennoch mit allen Insignien der Bürgerlichkeit gesegnet, inklusive Perlenkette und Foto von heimischem Dackel und Kind, das sie gerne im passenden Moment on air dem Moderator und damit den Zuschauern zeigte. Was für eine »kleine tapfere Frau«, dachten unsere Zuschauer.

Döbler-Schmitz absorbierte stets lächelnd den Schwachsinn, den wir von uns gaben und behielt trotzdem den Überblick. Sie wusste immer genau, wer welche Produktlinie wie oft vertrat, welcher Umsatz damit ungefähr generiert wurde und ziemlich sicher, was der Experte oder die Expertin verdiente. Sie wusste, wessen Existenz von welchem Einkäufer abhing, wer gerade wieder neuer Studioboss war (das wechselte beinah mit den Jahreszeiten) und drängte sich unerbittlich in jedes Gespräch, das eine von uns mit einem offiziellen Posteninhaber von HCS führte. Döbler-Schmitz hätte mit ihrer Ausbildung, dem Riecher für die Macht und angeborenem Geschäftssinn eine perfekte Politikerin abgegeben. Stattdessen verkaufte sie bei uns Tischdecken, im schlimmsten Fall sogar mit »Blauener Schbitze« im Duett mit Ostdeutschlands Anrufern. Irgendwas war schiefgelaufen.

Jemand bog mit Volldampf um die Ecke unseres Aufnahmeleiter-Stübchens und rasselte prompt mit Senol zusammen: Corinna, unsere fehlende Haushaltswarenexpertin mit einer hohen Affinität zum Zuspätkommen. Aus Corinnas wortreichen Ausführungen entnahmen wir, dass die ungünstige Sternenkonstellation in Verbindung mit dem wahnsinnigen Verkehr morgens um drei in vereinter Boshaftigkeit schuld waren, und vielleicht auch ein kleines bisschen ihr Wecker sowie der Chablis von gestern Abend.

Corinna war dunkelhaarig, vollschlank und grundsätzlich in Schwarz gekleidet. Ihre tiefschwarz umrandeten Augen blickten düster in eine von Todesprophezeiungen erfüllte Zukunft, zu dem ihr Silberschmuckbehang den Takt klingelte. Kaum war Corinna anwesend, tränkte sie die Luft mit düsteren Prophezeiungen: von Nostradamus bis zum Atomkrieg, von der Verschiebung der Kontinentalplatten bis zu unentdeckten Astralkörpern, die kometengleich die Flugbahn der Erde kreuzten – Corinna wusste Bescheid, das Ende war nah. Was sie nicht daran hinderte, sich noch ein Sahnetörtchen reinzuschieben. »Ich bin ein Gothic. Ich gehöre zu den Kindern der Nacht«, hatte sie mir ungefragt bei unserem ersten Treffen erklärt. Unser geheimer Codename für Corinna war »Gruftgurke«.

Corinna lief rasch in die benachbarte Model-Kabine, in dem sich sonst Models in Unterwäsche warfen. Man hörte sie hinter dem Vorhang rascheln, dann tauchte sie wieder auf. Die schwarze Kleidung und den Silberschmuck gegen irgendwas Rosafarbenes mit Perlen und Strass getauscht. Corinna sah auf einmal aus wie eine schlanke Cindy aus Marzahn und entsprach damit optisch und örtlich gesehen einem nicht unerheblichen Teil unserer Zuschauer. Corinna hatte auch noch einen anständigen Beruf, wie sie stets betonte, sie hatte mal Krankenschwester gelernt. In der Psychiatrie. Im Grunde hatte sich also für sie nichts geändert.

In Rosa kam sie einfach besser an als in Schwarz, und HCS war nicht gerade für Toleranz mit Randgruppen bekannt. Somit war unser lustiger Expertenhaufen für Tischdecken, rosa Bademäntel, allerlei Haushaltsgedöns und Lufti-Kuss-Nackenstützen endlich komplett. On air näherte sich Moni, die Moderatorin, dem Ende der Vorschau.

Birgit wachte auf, nahm den Kopf zwischen die Beine, nebelte ihre Haare und alles Umliegende mit Haarspray ein und erklärte: »Dieses Nie-Pennen macht mich fertig. Ich hoffe bloß, ich bin übermorgen beim Tagesangebot von Horst Gänsel nicht gebucht. Hoffentlich geht diese Kanne an mir vorüber.« – »Diese Kanne?«, fragte Döbler-Schmitz. »Lasst diese Kanne an mir vorüberziehen? Das ist mir relativ neu.« – »Ach«, seufzte Birgit und schüttelte ihre Ponyfransen, »um die Uhrzeit revalitiert sich einiges.«

»Relativiert«, murmelte ich vergebens. Ich mochte Birgit. Sie war aufrichtig, geldgierig und lustig, und sie verdrehte jedes Sprich- und Fremdwort, dessen sie habhaft werden konnte. Irgendjemand hatte Corinna einen dritten Stuhl organisiert, so hatte jede von unserem versprengten Sechsergrüppchen einen Sitzplatz. Wir begannen zu reden, vielleicht, um uns wachzuhalten, vielleicht auch nur, um Luft zu schnappen, denn noch immer hing eine Wolke von Haarspray in der Luft. »Nur atmen, nicht reden«, mahnte Senol, der Aufnahmeleiter.

Die übernächtigten Gespräche auf der Aufnahmeleiter-Couch, während die Experten darauf warten, »dran« zu sein, sind zugleich das Lustigste und Furchtbarste am Teleshopper-Dasein. Der Schlafmangel ist einer der größten Feinde des Teleshoppers. Manchmal enden Schichten um Mitternacht und beginnen wieder um vier Uhr morgens. Und dann sind wir vormittags um zehn dran und um fünfzehn Uhr, dann vielleicht wieder um 23 Uhr abends.

Irgendwie legen wir uns irgendwann zwischendurch irgendwo hin. HCS hat ganze zwei Gästezimmer mit Schlafcouchen. Im großspurig »Gästelounge« genannten Aufenthaltsraum, in dem sich oft viele quatschende Menschen aufhalten und ein Fernseher ununterbrochen läuft, stehen zwei weitere Couchen. Dann gibt es noch einen weiteren Büroraum, in den zwei Couchen gequetscht wurden, in dem ich aber nie schlafen konnte, weil dort Bilder von Heino, Hannelore und Verona Pooth hängen. Macht sechs Schlafplätze, davon zwei mit Albtraumgarantie.

Bei Tagesangeboten, Home-Shows oder thematischen Verkaufsevents, an denen unsere Ware fast ununterbrochen, manchmal 24 Stunden lang, auf Sendung ist, sind wir bisweilen nicht sechs, sondern zwölf oder gar fünfzehn ständig anwesende Experten. Dazu kommen die übrigen geschätzten hundert Gäste, die bei HCS täglich auf Sendung gehen und vielleicht Schlaf nachholen müssen oder möchten, weil sie morgens um sechs und nachmittags um sechzehn Uhr eine Verkaufsstunde haben. Wir alle teilen uns sechs Schlafplätze. Mit Heino, Hannelore und Verona Pooth.

Die menschenrechtsfeindlichen Einsatzzeiten in Kombination mit den Schlafgelegenheiten, die diesen Namen nicht verdienen, führen dazu, dass man als Teleshopper meistens müde ist. Das Faszinierende dabei: Wir können trotzdem immer reden. Denn genau das macht einen guten Teleshopper aus – neben Habgier, Verkaufstalent und einem gewissen Charisma: jederzeit reden können. Wir schwätzen begeistert, empathisch und gefühlvoll über Garderobenständer, Insektenvernichtungsmittel, Kaffeemaschinen, Zahnbürsten oder Liegestühle für den Garten. Wecken Sie mich heute Nacht um drei Uhr, und ich quatsche Ihnen einen rosa Bademantel an die Backe!

»Ey, Birgit!«, Senol, der Aufnahmeleiter, riss die Füße vom Schreibtisch und mich aus meinen lethargischen Gedanken: »Moni ist mit der Vorschau durch, du bist in zwölf Sekunden dran!« Moni, die Moderatorin unserer Doppelstunde im Morgengrauen, hatte eine mit Fotos unterlegte Vorschau auf das zu erwartende Elend geliefert. Jetzt sollten die Spiele beginnen: Live-Präsentationen mit uns Expertinnen.

Birgit wachte auf und stürzte Hals über Kopf los – Richtung Mode-Set. Welches fleißige Studiohelferlein von Pailletten besetzten Unterhosen befreit und mit einer Glastheke, Dekoration und Birgits Ware in ein Kosmetikstudio verwandelt hatten. Moderatorin Moni stand einsam hinter der Glastheke vor einem Haufen Abschminktücher »Clean-Skin-Star«.

Unsere Abschminktuchexpertin Birgit wetzte noch durchs Studio. Wir anderen beobachteten fasziniert auf den Überwachungsmonitoren über dem Aufnahmeleiter-Schreibtisch Birgits Sprint, während der Sekundenzähler auf dem Preview-Monitor gegen null lief. Birgit legte eine punktgenaue Landung neben Moni und ihren Abschminktüchern hin. Monis gepflegtes Hausfrauenkonterfei füllte großformatig das Fernsehen: »Und jetzt begrüße ich ganz herzlich an meiner Seite die Expertin fürs perfekte Abschminken, es ist Birgit Sommer, die nun schon so lange Jahre …«

Die Kamera zoomte weg, und Birgit erschien im Bild. Birgit tunkte ein Clear-Skin-Abschmink-Tuch in einen tiefen Teller Speiseöl, um zu zeigen, wie ihre Tücher fettige Haut von Fett befreiten. »Birgit Sommer, die nun schon so lange Jahre Tücher in Speiseöl tunkt …«, fuhr Moni fort, bemerkte ihren Versprecher und brach in das gellende Lachen aus, für das sie im Studio berüchtigt war. Moni war eine sehr nette Moderatorin. Nur ihr Lachen nicht. Ich hatte schon mal überlegt es aufzunehmen, um zu Hause potenzielle Einbrecher abzuschrecken. Birgit tunkte lächelnd und fröhlich ein weiteres Abschminktuch in Speiseöl. Das Tuch saugte das Öl auf und hielt es fest. Zurück im Teller blieb nur eine kleine Pfütze Wasser, die unter der Ölschicht gelegen hatte und den Feuchtigkeitsgehalt unserer Haut symbolisierte. Wir waren beeindruckt, wie unsere Zuschauer. Porentief reinigte »Clear-Skin-Star« die Haut. Wer hatte sich nie seine Gesichtsporen als mit Öl gefüllte tiefe Teller vorgestellt. Birgits Produktdemonstrationen gehörten tatsächlich zu den besten Demos, die wir zu bieten hatten.

Birgit kam mit einem Packen ölgetränkter Clear-Skin-Lappen zurück vom Sell, verteilte sie großzügig unter uns Kolleginnen, da die Tücher für den Fernseh-Verkauf nicht mehr nutzbar waren, und ließ sich dankbar auf den noch warmen Sofaplatz fallen.

Ich hatte den Kopf wohl unwillkürlich sinken lassen, denn nun wandte sich Martina an mich: »Andrea, wieso sagst du denn gar nichts?« – »Ich bin müde«, antwortete ich lahm. Petra rechts neben mir schenkte mir ihren berühmten Bambi-Augenaufschlag: »Ehrlich?«

Corinna machte sich seufzend auf den Weg, unfassbar scheußliche Tischlampen zu verkaufen. Döbler-Schmitz kam zurückgewalzt und ließ sich ins Sofa fallen. Ich hüpfte dadurch ein bisschen in die Höhe. Gleich danach war ich endlich dran. Nach der Präsentation meiner Chemiefummel würde ich mich aus dem Paradies der Blöden verabschieden dürfen. Mein nächster Einsatz wäre erst übermorgen, zur »Good-Morning-Show« um sieben Uhr in der Frühe, was natürlich wieder um drei Uhr morgens aufstehen bedeutete.

In der »Good-Morning-Show« gab es neuerdings neben allerlei Praktischem und Überflüssigen auch sogenannte »Nachrichten«: Welcher Star Geburtstag hatte oder frisch verheiratet war. Dazu Sinnsprüche von der Qualität »Morgenstund hat Gold im Mund« sowie einen »Newsblock«. News bedeutete in diesem Fall: News aus der Welt der Wurst. Nachrichten zu Salami und Schwarzwälder Schinken. Es war das perfekte Absurdistan, und ich hatte offensichtlich eine Rundreise darin gewonnen. Ich freute mich für übermorgen also auf eine Doppelstunde zwischen dem schlecht gelaunten Gänsel mit seinen gusseisernen Töpfen und wohlfeilen Neuigkeiten aus der Salami-Welt.

Folklore in allen Farben

Doch vor übermorgen war heute. Noch galt es, die laufende Doppelstunde zu überstehen. Und dafür hatte ich mich in den schlimmsten Chemiefummel, den ich der Welt gleich zu verkaufen gedachte, geworfen. Es ist immer besser, die Sachen zu tragen, die wir verkaufen wollen. Komischerweise kaufen die Leute meist das, was wir tragen, weshalb wir gerne die Sachen anziehen, die am schlechtesten laufen. Aber auch diese Weisheit ist nicht in Beton gegossen. Jedes Produkt hat eine sogenannte »History«, an der der Producer, eine Art Regisseur der laufenden Stunde, ablesen kann, wie viel Umsatz das Produkt in seinen bisherigen »On-air-Times« erzielt hat und auch in welcher Farbvariante es am besten gelaufen ist. Läuft eine Stunde besonders schlecht, ist mitten in der Nacht oder der ganze Tag erzielt schon wenig Umsatz, kann sich der Producer auch spontan entscheiden, mich das Produkt in der bestlaufenden Farbe präsentieren zu lassen. Dadurch bekomme ich möglicherweise begeisterte Anrufer oder die Bestellungen schnellen in die Höhe. Dann kann der Producer den »Counter« einsetzen, der die Zahl der Bestellungen anzeigt. Und bevor Sie fragen: Die Zahl, die der Counter zeigt, entspricht meines Wissens tatsächlich der Wirklichkeit. Und dann schlägt wieder der Herdentrieb zu: Die unschlüssigen Zuschauer sehen, dass offenbar andere wie verrückt das Produkt kaufen, also bestellen sie auch. Ein guter Producer ist eine Art Magier, der Zutaten wie Counter, Teaser, Großaufnahmen, Grafiken und Anrufer zusammenmischt zu dem Zaubertrunk, von dem wir alle satt werden: dem Umsatz. Ich trug heute die hässlichste Farbe. Eine Art Senioren-Beige. Seufzend ergab ich mich in mein Teleshopper-Schicksal, zupfte noch einmal an dem senfgelben Chemiefummel mit straußeneigroßen Strasssteinen am Kragen und verwegenem Muster und marschierte Richtung Beauty-Set, zu meinen übrigen auf Büsten dekorierten glitzernden Partyfummeln und Moderatorin Moni. Verfolgt von zwei Kameraleuten und

Senol, die drei Kameras hinter mir her zum Beauty-Set gegenüber der Küche rollten.

Ich stellte mich zwischen meine grausam dekorierten Kleiderbüsten. Auf dem On-air-Monitor schillerte zum hundertsten Mal Tillmann D. In punkto Penetranz macht uns niemand was vor. Moni kam näher geschlendert, stellte sich neben mich und unterhielt sich über den Knopf im Ohr mit der unsichtbaren Regie.

Sie begrüßte mich mit einem ziellosen Schlackern ihrer Hand, den Blick ins Nirgendwo gerichtet. Das Scheinwerferlicht ließ mich blinzeln. Die beiden Kameramänner an den beiden äußeren Kameras winkten mir müde zu, ich winkte zurück. Die mittlere Robo-Cam, die Senol durchs Studio gerollt hatte, wurde immer noch unsichtbar von der Regie gesteuert und zoomte scheinbar aus eigenem Antrieb hin und her, um verschiedene Einstellungen auszuprobieren. Meine Nase formatfüllend zum Scharfstellen, der straußeneigroße Strassstein an meinem Dekolleté, Monis Hände, ein Ausschnitt von zwei Kleidern auf der Büste, die Totale mit Moni, mir und den Kleidern. Die verschiedenen Bilder betrachtete ich auf dem Preview-Monitor. Ich überprüfte mein Aussehen sowie das Gesamtbild von mir, Moni und den Kleiderbüsten. Nichts ragte links oder rechts aus dem Bild – gut.

Der Sekundenzähler erschien im Preview und zählte lautlos rückwärts von zehn. Das müde Stimmchen eines unsichtbaren Studiohelferleins zählte laut mit: »Fünf, vier, drei, zwei, eins … ON!« Tillmann D. verschwand endlich, um Moni, mir und den Chemieunfällen Platz zu machen. Moni entließ ein Lachen, mit dem Indianer früher ihre Feinde eingeschüchtert hätten, rief »Hallo liebe Zuschauer hier bei HCS«, riss einen meiner sorgsam drapierten Fummel von einer Büste, presste ihn an ihre Brust und stöhnte: »Kennen Sie das, wenn Sie so ein ganz folkloristisches Gefühl haben? Schönes bleibt – und das gilt natürlich ganz besonders bei unserer aktuellen Modekollektion von Armaron! Einen wunderschönen guten Morgen hier live bei Happy Comfort Shopping, es ist halb sechs, und wenn Sie gerade aufgestanden sind, dann können Sie sich jetzt mit mir freuen, denn mit der 389 751 haben wir hier für Sie etwas ganz Besonderes, die Modekollektion von Armaron!« – »So stilecht, so anders«, fuhr Moni fort. »Etwas ganz Besonderes, und diese wunderbaren Kleidchen für jede Gelegenheit kosten nur 59 Euro in dieser wunderbaren elastischen Slinky-Fit-all-Size-Qualität.«

Moni riss an einem Fummel herum und strich bewundernd über den Ärmel. »Und dann diese Farben. DIESE FARBEN! Mocca, Sandelholz, Beerentöne und dieses wunderbare Senfgelb und dann all die Applikationen, das sind ja so viele, hier das Schlangenmuster in Silber, extravagant gearbeitet, und dazu dann die folkloristischen Blumen auf dem anderen Ärmel, so glänzend rot!« Sie sagte tatsächlich »folkloristisch«, aber das war mir jetzt auch egal. »Und blau und alles Mögliche«, präzisierte Moni unser Farbspektrum. »Und dann sehen Sie mal hier, die Ornamente und obendrauf diese wunderbaren Strasssteinchen auf den Taschen und hier am Kragen, die Biese, hach, und all diese Farbenpracht der Armaron-Kollektion präsentiert Ihnen an meiner Seite die wunderbare Modeexpertin Andrea!«

Nahaufnahme meines müden Gesichtes. Ich entblößte meine Zähne Richtung Kamera und gab mir alle Mühe, sympathisch und überzeugend zu wirken. »Mit so einem senffarbenen Kleidchen, da fällt man überall auf, oder Andrea?« – »In der Tat«, sagte ich, »das ist mal sicher.«

Aus dem hinteren Bereich sah ich Moderator Stefan durchs Studio in unsere Richtung eilen, leise fluchend schleppte er einen gusseisernen Kochtopf. Stefan ist um die vierzig Jahre alt, sieht gut aus, wenn man auf Ken von Barbie steht, ist einer der dienstältesten Moderatoren bei HCS und liebt genau wie Gänsel große Brüste an jungen Mädchen. Stefan kann toll verkaufen. Wenn er will. Und so richtig den Verkauf vermasseln, wenn er schlechte Laune hat. Schlechte Laune wiederum ist eine unvermeidliche Folge, wenn eins der jungen Mädchen mit den großen Brüsten ihm den Laufpass gegeben hat. Und selbstverständlich hat Stefan die übliche Moderatorenkrankheit: Eitelkeit.

In diesem Moment verhieß sein Gesichtsausdruck nichts Gutes. Stefan trat zu uns ins Set, knipste sein Lächeln an und klopfte auf den Topf, der ein unheilvolles gusseisernes Dröhnen von sich gab. »Stefan«, schrie Moni und entließ ein gellendes Lachen. Einer der Kameramänner sah gepeinigt auf. »Was haben Sie denn da Tolles für uns mitgebracht!« Sie zeigte auf den Kochtopf.

Wenn ein Moderator mit einem Produkt unterm Arm in den Sell eines anderen Moderators einsteigt, nennt man das »Anteasen«. Stefan hob unter sichtlicher Kraftanstrengung Gänsels Kriegskochtopf in Brusthöhe, lächelte sein smartes Schwiegersohn-Lächeln und hob an: »Das ist doch mal wunderbar, kochen wie bei Muttern! Gutes altes bewährtes Kochgeschirr, das Speisen auf ganz besondere Art gart, das gibt es am Mittwoch – verpassen Sie nicht unser Tagesangebot mit Horst Gänsel: Kochen leicht und lecker! Na ja«, er lachte und hob den Topf noch etwas höher, »ganz leicht sind die Töpfe natürlich nicht, aber das Kochen damit ist so leicht!«

»Kennen Sie nicht noch einen guten Witz!?«, rief Moni und füllte das Studio mit Lachsalven. Ein Strassstein löste sich von meinem Kleid und rollte weg. Ich wär ihm gern gefolgt. »Ach, ich hab Sie so gern, Moni!«, rief Stefan. »Ich Sie auch!«, rief Moni. »Das war der Witz«, sagte Stefan, »dass ich Sie so gern habe.«

Stille.

Ich guckte auf den Boden. Teleshopping und Ehrlichkeit vertragen sich nicht. Moni entschied sich für eine Lachsalve, die alles hinrichtete, was hören konnte. Wir beendeten unseren Verkauf mit dem Einspielen eines XXL-Modells in einem meiner knallgelben Plastikschläuche im Design »Friedhof der Kuscheltiere«. Während der unvermeidliche Tillmann D. auf seinem Tigerfell erschien und ich Schutz auf der Couch im Aufnahmeleiter-Eckchen suchte, hörte ich Moni zetern und Stefan nach Ausflüchten suchen.

Nicht alles beim Teleshopping ist so friedlich, wie es beim Zuschauen scheint, wie sich später vermehrt zeigen sollte. Ich fuhr nach Hause. Mein Bedarf an Schwachsinn war gedeckt.

Vertragsgeschichten – Von rechtelosen Gutverdienern

Mittwoch, halb sieben Uhr früh bei Happy Comfort Shopping. Mein Tagewerk hatte um drei Uhr morgens mit einem ungläubigem »Das darf doch nicht wahr sein« und auf den Wecker hauen begonnen. Ich schlug noch vier-, fünfmal zu und erwischte dabei einmal meinen Freund, der damit auch wach war. Um Viertel nach drei hatte ich mich endgültig wach geduscht, um die Autobahn zu überleben, um fünf Uhr früh hatte ich expressionistische Kleider im Set arrangiert und mir ein Gesicht aufgemalt. Mit den Klamotten sah ich aus wie »Der Schrei« von Edvard Munch. Mein Hirn war im Stand-by-Modus. Dies nur zur Info, falls Sie sich mal gefragt haben, wieso wir am frühen Morgen proportional noch mehr Schwachsinn erzählen als zu jeder anderen Tageszeit.

Düster beobachtete ich Moderatorin Lissi, die die »Good-Morning-Show« mit den »Breakfast news«, dem frisch produzierten Einspieler zu Salami und Schwarzwälder Schinken probte.

Das Konzept der Good-Morning-Show ist schnell erklärt. Zwei Moderatoren betreuen in einer Art Frühstückssituation täglich von sieben bis neun Uhr einen Haufen schräger Vögel, also uns. Eine Art betreutes Verkaufen für Zahnbürsten-, Handtaschen-, oder Gartenstuhlexperten. Dazu reicht der Sender »Breaking News« über Wurstwaren und Tagessinnsprüche, gehaltvoll wie der Fettrand eines Schinkens. Gesendet wird die »Good-Morning-Show« aus dem kleineren zweiten Nebenstudio. Das Nebenstudio ist nicht viel größer als ein Wohnzimmer und ebenso eingerichtet, nur dass der überdimensional große Flachbildfernseher hinter der Sitzgruppe hängt, sodass Moderatoren und Experten das Bild im Rücken haben.

Kurz nach acht Uhr hatte ich in der »Good-Morning-Show« meine Chemieunfall-Klamotten feilgeboten und dachte, damit hätte das Elend zunächst ein Ende. Stattdessen nahm es mit Galopp einen neuen Anfang. Nichtsahnend stolperte ich in die Kantine, stellte mir ein opulentes Frühstück zusammen und setzte mich an einen Tisch.

So prompt wie in einer Boulevardkomödie öffnete sich die Tür und gewährte Iris Döbler-Schmitz Zugang zu meinem Kosmos aus Brötchen, Käse, Fruchtsaft, Kaffee, Honig, Nutella und viel, wenn nicht sehr viel Butter. Ich senkte den Blick. Döbler-Schmitz nahm trotzdem Kurs auf meinen Tisch und begrub ungefragt einen Stuhl unter sich. Unter ihren kurzen Stummelärmchen klemmte eine riesige mit allerlei Applikationen behängte Handtasche.

Döbler-Schmitz warf einen hungrigen Blick auf mein angebissenes Brötchen und blies unverzüglich zur Treibjagd. »Hast du schon gehört, die gehen der Martina an den Vertrag.« – »Welcher Vertrag«, nuschelte ich und sprühte frische Krümel auf Döbler-Schmitz, »'tschuldigung.« Döbler-Schmitz rollte genervt die Augen zum Himmel. »Na, ihren Vertrag mit HCS. Mit dem Einkauf. Dasselbe, was du auch hast, nur deiner ist viel schlechter. Ihr Vertrag. Was sie verdient für ihre Produktpräsentationen, Himmel herrje noch mal, bist du schwer von Kapee?«

»Wieso interessiert dich, was Martina Schönhauser verdient«, sprühte ich, »die braucht ja auch viel mehr Geld für ihren Frankenstein-Doktor.«

Döbler-Schmitz wischte sich ein paar Krümel vom Ärmel. »Andrea. Wo bist du, wenn du auf der Couch sitzt? Seit Wochen redet Martina davon, dass HCS ihre Provisionen kürzen will. Die verdient doch ein Schweinegeld mit diesen ›Prinzessin-der-Lüfte‹-Quark. Die Parfum-Linie wird sogar ausgegliedert und heißt dann ›Prinzessin der Düfte‹! Die kriegt also *noch* eine eigene Marke! Und es soll *mehr* Lufti-Kuss-Produkte geben, was für ein Wahnsinn. Da hat die eine der bestlaufenden Marken von HCS, ›Prinzessin der Lüfte‹, und kriegt jetzt noch eine Marke und pro Marke noch mehr Produkte!« Irrte ich mich, oder lief Döbler-Schmitz grün an?

Iris sabberte vor Gier, ich krümelte jetzt Käse, wir waren ein ziemlich abstoßendes Paar. Döbler-Schmitz beugte sich vertraulich nach vorne. »Aber jetzt pass auf. Die vielen neuen Produkte nutzen ihr vielleicht gar nichts. Die wollen Martina nämlich billiger haben. Ihren jetzigen Vertrag kündigen. Ganz früher hatte die noch einen viel besseren Vertrag. Da verdiente die pro Produkt pro Sell pro Stunde, was weiß ich, jedenfalls gigantisch. Das war der ganz alte Vertrag.« – »Der ganz alte Vertrag?«, wiederholte ich. Döbler-Schmitz rollte entnervt von so viel Begriffsstutzigkeit die Augen.

»Ihr allererster Vertrag. Von vor zehn, fünfzehn Jahren. Die sagt ja nicht, wie alt der erste Vertrag ist, sonst wüsste man ja, wie alt die selber in echt ist.« Mir fiel auf, dass Döbler-Schmitz immer öfter Martinas Namen unterschlug und sich mit »die« und »ihr« begnügte. »Also, mit dem allerersten Vertrag hat die so 40 000 verdient, im Monat«, sabberte Iris weiter, »hat sie mir erzählt. Dann haben die sie schon mal gekürzt. Jetzt verdient sie immer noch zwanzig Mille – also in den guten Monaten. Aber jetzt, gerade jetzt, wo die die vielen neuen Produkte bekommt, geht der Einkauf ihr noch mal an den Vertrag. Und jetzt wird's spannend: Selbst mit dem neuen Vertrag würde die immer noch knapp 8000 Euro nach Hause bringen«, sagte Iris und riss sich von dem Anblick meines Frühstücks los, »reicht ihr aber nicht, klar, gegen vierzig ganz früher sind acht natürlich doof.« – »Zwanzig Mille«, seufzte Döbler-Schmitz leise und sehnsuchtsvoll. »HCS ist das zu teuer geworden. Die wollen die jetzt kürzen. Zum zweiten Mal. Auf acht. Verstehst du?«

»Na ja«, sagte ich lahm, »gut, das ist viel Geld. Und klar, mehr als ich verdiene und du wahrscheinlich auch. Aber dafür lebt Martina ja auch hier im Schrank.« Döbler-Schmitz taxierte mich. »Aber acht ist auch nicht schlecht. Wenn man das jemandem anbietet, 8000 Mille fix, überleg mal, da sagt doch keiner ›Nein‹«, behauptete Döbler-Schmitz und drehte gedankenverloren ihre aktuell bräunlich getönten Haare mit dem fast verborgenen Rotstich. »Keiner.« – »Wer ist man?«, fragte ich. »Wen interessiert's?« Döbler-Schmitz musterte mich mitleidig. »Generell sagt da keiner nein«, erklärte sie. »Also ich würde nicht ›Nein‹ sagen, wenn man mir 8000 anbietet als Gast für ›Prinzessin der Lüfte‹. Überleg doch mal. So viel verdient doch keine von uns. Birgit würde bestimmt auch nicht ›Nein‹ sagen. Schon wegen der Kinder.«

Ich lehnte mich zurück. Langsam verstand ich, worauf Döbler-Schmitz hinauswollte. »Du würdest das also machen. Für 8000 Euro arbeiten, fest. Schon wegen deiner Tochter. Nur hat man es leider nicht dir angeboten, sondern der Martina. Hm. Und jetzt überlegst du, wenn Martina sich nicht von zwanzig auf acht runterhandeln lässt, also nicht einschlägt, dich als neue Martina anzubieten. Kannst du ja machen, aber lass sie doch erst mal in Ruhe um ihr Geld kämpfen.« – »Da sagt keiner ›Nein‹, bei dem Geld«, insistierte Döbler-Schmitz und schäumte in den Mundwinkeln.

Ich zuckte die Schultern. »Erst mal: Wir verdienen alle nicht schlecht, du nicht, ich nicht. Und zweitens: Willst du hier von morgens bis morgens abhängen? Martina ist doch nur noch zu Hause, um sich abnähen, absaugen und aufspritzen zu lassen. Ansonsten wohnt die doch hier.«

Döbler-Schmitz schüttelte unwillig den Kopf. Zum ersten Mal wurde mir bewusst, dass sie ihre Haare seit

Neuestem auch länger trug. In einer ähnlichen Frisur wie Martina. Statt ehemals rot war die Haarfarbe jetzt bräunlich mit einem Rotstich. Abgenommen hatte Iris auch. Bis auf den dicken Hintern könnte man sie aus großer Entfernung für Martina halten. Iris hatte also Witterung aufgenommen. Wie manche Insektenarten wandte sie die Kunst der Mimikry an. Allerdings verschmolz sie nicht optisch mit ihrem Untergrund. Iris war ein Mensch. Sie imitierte ihr Opfer.

»Das kann man sich doch gar nicht leisten, ›Nein‹ zu sagen.« Döbler-Schmitz zog die Lefzen hoch und entblößte vom Lippenstift beschmierte blutrote Zähne. Das alleinerziehende Elterntier verteidigte eine Beute, die es noch gar nicht erlegt hatte. »Da kann man nicht ›Nein‹ sagen«, wiederholte sie ernst, »Corinna auch nicht, oder unsere Ingrid Böntgen, die heute nicht da ist.« Ich muss wohl fragend geguckt haben. »Na, die mit den Gesichtsbügeleisen, die Ingrid, die würde da auch nicht ›Nein‹ sagen, keiner.« Ich begriff langsam. Nicht nur Döbler-Schmitz, auch andere Mitglieder unserer Mode- und Haushaltswarencrew zeigten sich interessiert an Martinas Job. 8000 Euro monatlich. Fix. Wen interessierte da das Schicksal einer etwas oberflächlichen, aber doch sympathischen Kollegin. Ich fand es trotzdem traurig. Die übernächtigten Gespräche auf der Aufnahmeleiter-Couch, das jugendherbergsmäßige gemeinsame Abhängen in der Raucherecke, Kantine oder der Gästelounge, die gemeinsame Jagd nach Umsatz und Kunden, und die vielen Geschichten der kleinen und großen Katastrophen aus Ehe und Familie,

Freundschaften und Wohnverhältnissen, gewürzt von den alltäglichen Lach- und Sachgeschichten aus unserer Puppenstube, hatten in mir das Gefühl von Zusammengehörigkeit über alle Verschiedenheiten hinweg erzeugt. Jetzt stand ich vor den Trümmern eines sorgsam gehegten Kleinmädchentraums.

Dass ich diesen Kleinmädchentraum überhaupt hatte hegen können, war wohl meiner latenten Naivität geschuldet. Denn, wenn man sich mal anschaut, wie die Arbeitssituation von Teleshoppern aussieht, weiß man, warum Iris Döbler-Schmitz diesen Jagdinstinkt entwickelte, ja, entwickeln musste.

Wir haben nämlich kein Grundgehalt. Wir haben keine Arbeitnehmerrechte, weil wir keine Arbeitnehmer sind. Wir sind lauter kleine weisungsgebundene Selbstständige ohne Kündigungs- oder Mutterschutz, ohne Arbeitszeiten, ohne Kranken- oder Urlaubsgeld. Wenn wir gut sind, verdienen wir sehr gut. Wir sind die Jäger, und die Beute sind die Zuschauer. Jeder Kauf ist unser persönlicher Erfolg und macht sich bezahlt, jede Stunde mit schlechten Umsätzen lässt uns rastlos nach dem »Warum« fragen. Wenn eins unserer Produkte »durch die Decke fliegt«, »geht wie geschnitten Brot« oder einfach »hammermäßig läuft«, flitzt auch schon mal einer los und holt eine Flasche Champagner, die wir dann heimlich in der Prep-Küche leeren. Dort stehen wir dann und picheln uns einen, denn Alkohol ist im gesamten Studio streng verboten. In der Prep-Küche natürlich auch, aber da sieht uns keiner, und da hängt auch keine der omnipräsenten Überwachungskameras.

Wir sind das Gesicht unseres Produkts. Geht unser Produkt unter, sterben wir mit. Ein guter Teleshopper leidet an Umsatzängsten und Zweckoptimismus, Schlafmangel, eitlen Moderatoren, neidischen Kollegen, Konkurrenzdruck und der TV-Sales-Abteilung.

Außerdem leiden wir an Models, die nicht so dumm sind wie ihr Ruf, sondern manchmal noch dümmer, Umsatzvorgaben, die sich betrunkene Studiobosse beim Würfeln ausgedacht haben müssen, und natürlich unter Druck, Druck, Druck.

Wir sind Einzelkämpfer, die im Rudel jagen. Wir lieben die Aufregung, das Lampenfieber bei einem neuen Produkt, den schwarzen Humor hinter den Kulissen, die Jagd, die Beute, das Geld.

Wir haben alle unterschiedliche Verträge: Einige Experten werden nach Stunden, andere nach Shows, manche nach Präsentationen, manche nach der Anzahl ihrer Produkte oder prozentual bezahlt. Das hat manchmal brutale Folgen: Als eine Kollegin hochschwanger auf den Knien Bodenstopper präsentierte, riefen Zuschauer beim Sender an und forderten Mutterschutz. Der künftigen Mutter taten sie damit keinen Gefallen, sie wurde für einige Monate zwangsbeurlaubt – ohne Entgelt, dafür aber mit der Angst, in der Zwischenzeit durch eine wildernde Kollegin dauerhaft ersetzt zu werden.

Wir Teleshopper sind alle lustige kleine Goldfische, die im bunten Aquarium Ihres heimischen Farbfernsehers schillern und umeinander scharwenzeln. Bis das Futter knapp wird. Dann mutieren wir zu Raubfischen.

Droht einem von uns die Arbeitslosigkeit, weil sein oder ihr Produkt zu wenig Umsatz erzielt, bieten sich manche heimlich bei den Einkäufern von HCS billiger an. Manche Einkäufer bleiben ihrem Stammgast treu, andere nicht. Im dritten Fall entscheidet die Geschäftsleitung. Meist sind die Einkäufer unsere Ansprechpartner auch für Vertragsbelange. Die Einkäufer des Senders kaufen nicht nur die Ware ein, sondern auch Menschen. Sie entscheiden zu einem Großteil über die Vergabe ihrer Produkte an die Gesichter der Experten. Der Status der Einkäufer bei HCS kommt Göttern gleich – und es gibt genügend Kollegen, die bei Gelegenheit Opfergaben in Form kleiner Geschenke darbrachten.

Unser Markt, unser Kosmos ist eng gesteckt. Viele »Experten« arbeiten sich ein, präsentieren einen kurzen Zeitraum und gehen dann mit ihrem kurzlebigen Produkt unter. Ihr Gesicht ist verbrannt. Man kann nicht heute Parfumexperte sein und morgen DVD-Rekorder verkaufen. HCS handelt hier nach dem Motto »One face – one brand«, ein Expertengesicht kann nur für eine Marke (»Prinzessin der Lüfte«) bzw. eine Produktlinie (Haushaltswaren) wirklich glaubwürdig sein. Manche ziehen daraus die Konsequenz in dem Bereich, in dem man angesiedelt ist: wildern oder untergehen.

Teleshopper zu sein, bedeutet einen täglichen Tanz auf dem Vulkan, den ständigen Blick auf das Fax oder den E-Mail-Account, ob neue Buchungen kommen, die Angst im nächsten Monat ohne Einkommen zu sein.

Intermezzo: Potemkinsche Klos sind eine gefährliche Sache

Ein Blick auf den Flachbildmonitor an der Wand der Kantine. Ich wartete mal wieder auf meinen nächsten Einsatz, aufgebaut hatte ich schon, sogar das Mikro schon abgeholt. Also vertrieb ich mir die Zeit mit Käsebrötchen und Fernsehgucken. Aktuell sendete HCS aus unserem Puppenstuben-Badezimmer. Ein Experte für Toilettenreiniger sprühte unser Hängeklo mit einem Putzmittel ein und wischte kurz mit einem Lappen drüber. Die Toilette erstrahlte in überirdischem Glanz. Man erwartete beinah einen Chor der Engel einen mythischen Dreiklang singen zu hören. Über beide Backen strahlend, warf der Experte glücklich die Hände in die Luft und setzte sich auf das nun einwandfrei gereinigte Klo.

Mir war sofort klar, was passieren würde. Mir blieb noch Zeit »Auweia!« zu sagen, da gab das provisorisch an der Sperrholzwand befestigte Hängeklo auch schon unter dem Gewicht des Experten nach. Mir war, als sähe ich noch einen Moment sein verdutztes Gesicht in der Luft schweben, da fand sich der Kloputzexperte auch schon mitsamt blitzblanker Toilette auf dem Boden wieder. Der dicke Moderator Harald erlitt einen Lachanfall, wodurch er aufgrund der überdimensionalen Schinkenkeule in seiner Hand, mit der er gerade die »Welt der Wurst« anpries, aussah wie Fred Feuerstein, der sich in der Zivilisation verirrt hatte und den man deshalb in einen Anzug gesteckt hatte.

Wir Kantineninsassen lachten eine Runde.

Doch die unfreiwillig komische Show war noch nicht vorbei. Auf dem Flachbildschirm in unserer Kantine erschien wenig später erneut das Badezimmer, das Klo hing wieder an seinem Platz an der Wand. Manchmal können unsere Studiohelferlein und die Jungs und Mädels von Sets and Props regelrecht zaubern, sie hatten einen kurzen Werbetrailer gut genutzt, um das Hängeklo zu befestigen. Klar, das Bad wurde ja auch gebraucht für die angesetzte Badreiniger-Präsentation. Den konnte man ja schlecht im Beauty-Set verkaufen, schon gar nicht mit dem neuen Badreinigerexperten. Ein neues Männchen, spindeldürr und hektisch, kippte aus einem Eimer Moorlache über das Waschbecken, um dann wie ein Geisteskranker mit einer Batterie Mikrofasertücher zu wischen und den dreckigen Lappen glücklich lächelnd in die Kamera zu halten. Unsere Demos ähneln sich, weil wir alle voneinander abgucken.

»Das ist toll«, sah und hörte ich »Good-Morning-Show«-Harald röhren, »einfach wunderbar, was diese Tücher der Marke Clear-It draufhaben, die haben ja auch so eine neue Technologie?« – »Ei sischä«, hesselte der Clear-It-Experte munter drauflos, »mir vonnä Firmä Clear-It, mir hen quasi desch Padent auf wirklisch saubärä Badezimmä, das isch, wenn Sie auch mal Besuch habe, da will man doch net, dass die gugge und sage: ›Ä-bäh-is des dreggisch bei dem!‹« Ich versuchte seiner Argumentation zu folgen. Harald guckte perplex aus seinem Anzug und legte kurz die Schinkenkeule beiseite, mit der er immer wieder »Die Welt der Wurst« anteaste. Harald ist der Typ Moderator, dem unsere weiblichen Zuschauer vertrauen. Er spricht ruhig und behäbig, sagt stets »meine Damen«, ab und zu »meine Herren«, Typ Kavalier der alten Schule im weißen Hemd. Wir alle lieben Harald, allerdings legt er eine gewisse Gemächlichkeit an den Tag, die uns Experten zwingt, ebenfalls sehr langsam zu argumentieren. Sehr langsam. Genaugenommen ist es so, dass wir uns von zehn Argumenten für unser Produkt bei Harald lieber gleich auf drei beschränken. Mehr schafft man nicht. Harald drehte bewundernd den Clear-It-Lappen des hessischen Saubermanns in den klodeckelgroßen Pranken. »Also das ist jetzt das Tuch, meine Damen, meine Herren zu Hause an den Bildschirmen, das man haben *muss*, sagen Sie, lieber Alfred, das man haben *muss*, um sozusagen mit einem wundervoll sauberen und hygienisch einwandfreien Badezimmer bei Gästen zu punkten und ...« Weiter kam er nicht.

Experte Alfred warf einen Blick auf den Preview-Monitor und sah seine Sendezeit dahinschmelzen. Im Kopf hatte er vermutlich noch neun Argumente, die er unseren Zuschauern vor den Latz hauen wollte. »Ei sischä! Ei sischä! Sischä, das müsse Se habbe!«, rief das Männlein und hüpfte auf und ab, eine Version von Rumpelstilzchen im Badezimmer, gerade halb so groß und schwer wie Harald. »Ei, desch is kei *Kann*, desch is ä *Muss!* Ä *Muss!* Ä Mast-Häv! Isch beweis Ihne des jätzt!«, rief Alfred der Experte und war nun nicht mehr zu halten. »Hier – isch nämm die ganze Moorlauge! Die ganze Moorlauge nämm isch!« – »So un jetzt pass uff«, rief Alfred, »jetzt nemm isch hier a ganzä Liddä Moorlaug, a ganzä Liddä! Und schütt den als hier ins Waschbegge …«

Ich atmete vor Schreck scharf ein. Ob das kleine Eimerchen im Schränkchen unter dem Waschbecken einen Liter Moorlauge fassen würde? Oder hatten die die Pumpe angeschlossen? Die Moorlauge gurgelte in den Abfluss, im Lautsprecher plätscherte es leise. Also der Eimer.

Offenbar hatte man wieder einmal vergessen, den neuen Lappenexperten Albert in die Geheimnisse eines Potemkinschen Badezimmers einzuweihen. Wir haben keinen Abfluss. »Und als nä!«, rief Albert emotional hoch aufgeladen und umso unverständlicher. »Und als nä – isch mach noch mehr Dreck!«, rief er begeistert. »Jetzt auch noch aufs Klo!« Und ehe Harald ihn hindern konnte, schüttete Alfred Moorlauge auf, in und über das Klo, in der irrigen Annahme, dass dieses einen Abfluss hätte. Es macht »Blobb«, die Moorlauge schoss aus dem abflusslosen Hängeklo zurück ins Set und über Alfreds Hose und Schuhe. Die späte Rache des malträtierten Hängeklos. Alfred sprang entsetzt zurück und stieß gegen Harald, der gerade den Schinken, mit dem er zwischendurch das »Welt-der-Wurst«-Thema aufgriff, wieder in die Hand genommen hatte. Der Stoß des dünnen Männchens ließ die Keule aus Haralds Pranken gleiten, sie wirbelte durch die Luft, um zielgenau in der moorlaugen-besudelten Toilettenschüssel stecken zu bleiben.

Die Kantine tobte, rundherum Standing Ovations. Albert hatte Maßstäbe gesetzt. Und es sogar geschafft, Harald zu involvieren, die große alte Dame des Teleshoppings, der normalerweise stets ungerührt blieb. Die Regie reagierte adäquat und spielte den Werbefilm zum heutigen Tagesangebot »Gusseiserne Töpfe von und mit Horst Gänsel« ein.

»Sternstunden des Teleshoppings«, murmelte ich begeistert. Hinter mir hörte ich Horst Gänsel vor Lachen brüllen. Ich drehte mich um. Unser Fernsehkoch hatte die Kantine betreten und setzte sich jetzt mit seinem Frühstückstablett auf den Stuhl mir gegenüber. Ich betrachtete ihn und überlegte, ob auch an seinem Stuhl jemand aus seiner Crew sägte. »Was guckste denn so bedröppelt?«, nuschelte Gänsel mit vollem Mund. »Ach, das blöde Gezerre ums Geld unter den Weibern«, sagte ich so ungenau wie möglich. Gänsel zuckte die Achseln. »Das ist überall so. Was soll ich denn sagen. Wenn das Tagesangebot heute nicht läuft, bin ich vielleicht raus.« Er musterte mich. Ich mochte Gänsel. Er hatte den Humor und die Sprache eines Bahnhofluden vom Frankfurter Rotlichtbezirk, aber ein gutes Herz und immer einen Leckerbissen für jedermann. Na ja, jedenfalls für die, die er mochte.

»Komm schon«, sagte Gänsel, klopfte mir auf die Schulter, »du musst ja das fiese Spiel nicht mitspielen.« – »Na ja«, sagte ich, »diese hammerhässlichen Kleider von mir laufen auch gerade nicht so fantastisch. Vielleicht bin ich die Nächste, die arbeitslos ist.« – »Geh doch mal zur Lydia«, sagte Gänsel aufmunternd, »die

Gästebetreuerin. Lydia ist sehr nett. Und die casten doch ständig neue Leute, siehste doch, wie viele Deppen hier täglich on air gehen. Da haben die doch für dich auch einen neuen Job.« – »Was soll das denn heißen«, sagte ich, leicht pikiert. »Die vergeben doch ständig neue Produkte«, insistierte Gänsel. »Vielleicht hat Lydia was für dich. Kannste dich ein bisschen breiter aufstellen. Ich hab gehört, die suchen eventuell jemanden für ein neues Luxusbett. Musste dich natürlich mal ein bisschen mehr aufbrezeln. Aber Luxusbett und deine komischen Plörren passen vielleicht zusammen, vielleicht kannste beides machen, und wenn die Plörren wegfallen, haste noch das Bett.«

Lydia. Gästebetreuung. Lage sondieren. Warum eigentlich nicht.

Überlebenskampf – Wenn Teleshopper zu Hyänen werden

Ich erklomm die wenigen Treppen, die in den Olymp der »Gästebetreuerin« Lydia führten. Das Geifern und Schielen nach Martina Schönhausers lukrativen Produkten bewies, was ich bereits seit Wochen erfolgreich zu verdrängen suchte: Die Lage war ernst. Die Umsätze unserer Haushaltswarencrew wurden beständig schlechter. Bald würden Produkte aussortiert werden und damit die ersten Köpfe rollen.

Ich wollte mich nicht für das Produkt eines anderen anbieten. Sollten die anderen sich darum kloppen.

Meine Lage war aber auch nicht rosig. Vielleicht war ja Neues geplant, das ich on air vertreten könnte, etwas, was noch niemandem gehörte, ich also auch niemandem wegnahm. Es konnte nicht schaden, sich über neue Entwicklungen zu informieren und dezent aber unaufdringlich Interesse an neuen Jobs zu signalisieren. Ich klopfte an Lydias Tür, wartete das »Herein« gar nicht erst ab, stolperte ins Zimmer und rief: »Lydia, ich brauche einen neuen Job.« Lydia drehte sich zu mir um und legte den Zeigefinger auf ihre Lippen, wodurch ich sah, was ihr Rücken gerade noch verdeckt hatte.

Mitten im Raum, zusammengebrochen auf ihrem Stuhl, hockte eine unserer »Wellnessexpertinnen«, Margit, und heulte zum Gotterbarmen. »Oh, sorry«, murmelte ich, »dann komm ich wohl mal später wieder.«

»Andrea, das musst du dir mal überlegen«, schluchzte Margit, und Tränen bahnten sich in kleinen Tuschebächen einen mühsamen Weg durch das Puder auf ihren Wangen. »Da mach ich hier seit zehn Jahren Superumsätze, verkaufe als Wellnessexpertin Gesichtsschwämmchen, Badezusätze, Terrabänder, Nageletuies, Fettweg-Gürtel, Cellulite-Treatments, Sonnenpuder – und jetzt«, ihre Stimme steigerte sich zum Crescendo, »feuern die mich von jetzt auf gleich! Weil die neue Geschäftsleitung jemanden will, der jünger ist und zehn Zentimeter größer! Der Oberboss will das! Zehn Zentime-e-e-ter größer!«, wiederholte sie schluchzend. »Ich bin doch keine Stewardess!« Lydia warf mir einen hilflosen Blick zu. Ich hätte schwören können, dass Margit soeben vor meinen Augen noch mal zehn Zentimeter schrumpfte.

Wir klopften tröstend auf Margit ein, bis sie sich so weit gefasst hatte, dass sie das Zimmer verlassen konnte, nicht ohne ihrer unbekannten Nachfolgerin die Schrumpfkrankheit an den Hals zu wünschen.

Lydia ließ sich schwer atmend hinter ihren Schreibtisch fallen. »Ich mache die Regeln hier nicht«, murmelte sie dumpf. »Tut mir leid, dass ich jetzt so herzlos bin«, sagte ich, »aber Margit hin, Margit her, ich brauche eventuell ein neues Produkt. Meine multi-gemusterten Kleidchen laufen immer schlechter. Insgesamt gehen die Umsätze unserer Haushaltswarencrew den Bach runter. Die Ersten fangen schon an, sich um die Produkte der Kollegen zu beißen.« Lydia warf mir einen schrägen Blick zu. Mit Sicherheit wusste sie da bereits mehr als ich. Vermutlich auch, was den Stand von Martinas Verhandlungen mit Geschäftsleitung und Einkauf und mögliche Ersatzspielerinnen betraf.

»Hömma«, sagte ich. »Hömma« war immer ein guter Anfang. »Ich hab gehört, der Einkauf sucht noch einen adäquaten eloquenten charismatischen Präsenter für ein schweineteures Luxusbett. Nun, hier bin ich, die Lösung all eurer Probleme!« Lydia lachte und schüttelte bedauernd den Kopf. »Andrea«, sagte sie, »wenn du Silver-Ager, sechzig plus, bürgerliche Mitte wärst, könnten wir darüber reden, aber als Modern Perfomer um die vierzig seh ich da keine Chance. Aber ich hör mich gern um, ob ich was anderes für dich finde.«

Wir tauschten noch ein wenig Small Talk aus, bevor ich Lydia verließ und mit diesem leicht traumwandlerischen Gefühl übernächtigter Menschen zurück ins Studio ging. Ich musste die Elf-Uhr-Stunde vorbereiten, in der ich mit meinen Co-Haifischen Haushaltsquatsch, durchfallfarbene Decken und schreibunte Kleider verkaufen würde und in der auch Horst Gänsel sein gusseisernes Tagesangebot präsentieren würde. Ich war gespannt, wie die Töpfe liefen; das Gespräch mit Lydia hatte mich ein wenig ermuntert. Die zu kleine Wellnessexpertin Margit tat mir bis in die Knochen leid. Unfassbar, nach zehn Jahren Stallzugehörigkeit einfach gegen jemanden etwas Jüngeren und vor allem Größeren ausgetauscht zu werden. Waren unsere Zuschauer wirklich so dämlich, ihre Kaufentscheidung von ein paar Zentimetern mehr Körpergröße beeinflussen zu lassen?

Ich war bereit, das Meinige zum Tratsch beizutragen, und bog schwungvoll in unser Aufnahmeleiter-Eckchen. Leer, bis auf ein unbekanntes Gesicht, das mich etwas dämlich anlächelte. Offenbar eine Neue in unserer Crew. Hinter dem Vorhang der provisorischen Model-Umkleide-Kabine hörte ich es tuscheln. Ich öffnete den Vorhang und sah die üblichen Köpfe von Iris, Martina, Birgit, Petra und Corinna nebeneinander aufgereiht vor der Spiegelwand in der Model-Umkleide sitzen. Sigrid fehlte, obwohl sie für die Elf-Uhr-Stunde auf dem Ablauf stand. Sigrid, eine unserer Kolleginnen aus der Haushaltswarencrew, wurde etwas seltener gebucht, ihre Produkte liefen nicht mehr so gut, aber heute stand sie mal wieder auf dem Ablaufplan.

»Hallo, alles frisch, wisst ihr schon das Neuste von Margit, sie ist plötzlich zu klein für ihren Job und wird einfach ersetzt, ist das nicht der Wahnsinn, amerikanisches Prinzip, hire and fire, wo ist Sigrid?«, rief ich, um keine unnütze Zeit zu verlieren, bevor andere schneller tratschen konnten. Birgit wackelte mit der Haarspraydose in der Hand unbestimmt Richtung Aufnahmeleiter-Couch, wo die Neue mit einem nervösen Lächeln vor sich hin stierte. Ich ließ den Vorhang hinter mir zufallen. Die Neue auf unserer Couch mochte Sigrid auf eine unbestimmte Art ähneln, war aber doch kaum mit ihr zu verwechseln. »Das ist doch nicht Sigrid«, lachte ich.

»Das ist Sibylle«, sagte Döbler-Schmitz, starrte düster in den Modelspiegel. »Das ist Sibylle, die neue Sigrid«, orakelte Corinna. Ich verstand kein Wort. Birgit nahm den Kopf zwischen die Knie, griff zur Haarspraydose, hielt aber plötzlich inne und hob den Kopf wieder. »Mein Gott, die Sigrid und ich, wir haben den Job jetzt schon so lange zusammen gemacht. Das gibt's doch gar nicht«, sagte sie mit zittriger Stimme. »Die haben die Sigrid einfach ausgetauscht. Von jetzt auf gleich. So was ist doch menschenverarschend!« – »Menschenverachtend«, murmelte ich, war aber auch entsetzt. »Wie ausgetauscht?«

Ich holte tief Luft. Mir reichte es langsam. »So, Mädels, und jetzt mal für Doofe, also für mich: Was – ist – mit – Sigrid?« Döbler-Schmitz toupierte sich das Haar in ihrer aktuellen Martina-Schönhauser-Kopie. »Sie haben unsere Sigrid gegen diese neue Sibylle, die auf dem Sofa hockt, ausgetauscht.« Die Einschläge kamen näher. Die heulende Wellnessexpertin Margit, die ich bei der Gästebetreuerin gesehen hatte, war kein Einzelfall. Durch unsere seit Neuestem in allen Bereichen abfallenden Umsätze sah sich die Geschäftsleitung offenbar genötigt, Maßnahmen zu ergreifen. Und da grundsätzlich wir Gäste, also »Experten«, die ersten Sündenböcke sind, die das Management nutzt, hatte man offenbar Sigrid und Margit gegen zwei bessere Kopien ihrer selbst ausgetauscht. Jünger, größer, dümmer. Zielgruppenoptimiert.

bonus

MIT NLP UND CO. AUF DIE DDR-NOSTALGIKER UND ANDERE – WIE WIR VERKAUFEN

sale

Nichts interessiert die Einkäufer und die Chefs des Senders so sehr wie unsere Zielgruppen. Bessere Kenntnis der Zielgruppen bedeutet mehr Umsatz, so einfach ist das. Unsere Zielgruppen werden nach sogenannten »Cluster«-Modellen aufgesplittet. Und die Experten haben gefälligst den Zielgruppen-Clustern zu entsprechen.

Das heißt: Wir werden auf ganz bestimmte Zielgruppen hin gecastet. Bedeutet, Marketingstrategen unterscheiden nicht nur nach demografischen Merkmalen wie Alter und Geschlecht, sondern nach Wertvorstellungen und Bildung. Das schweineteure Luxusbett, das ich mir als neues Produkt erhofft hatte, war auf eine Käuferschicht ausgerichtet, die eher einer sechzigjährigen silberhaarigen, gepflegten hochgeschlossenen Verkäuferin mit Perlenkette und Ehering entsprach und daher das Bett so jemandem abkaufen würde, als mir, einer vierzigjährigen etwas zerzausten lustigen Frau, die sich offensichtlich nichts aus schweineteuren Statussymbolen machte.

Damit wir begreifen, was es mit diesen Cluster-Modellen auf sich hat, werden regelmäßig junge, dynamische Verkaufstrainer zu Seminaren gebucht, um es uns in die hohlen Expertenköpfe zu prügeln.

An ein solches Seminar erinnere ich mich, als wenn es gestern gewesen wäre. Der Jungdynamiker, der es hielt, hatte vermutlich anschließend ein Teleshopping-Trauma fürs Leben. Was daran lag, dass wir es ausarten ließen, obwohl es angefangen hatte, wie es immer anfängt, nämlich mit einem Vortrag wie diesem:

»Wie kann mein Kunde mit meinem Produkt schöner und attraktiver wirken? Sexy sein, die Nachbarn neidisch machen? Wie kann mein Kunde schlauer werden durch mein Produkt, ein besserer Mensch vielleicht sogar? Lassen Sie ihren Zuschauer Abenteuer erleben! Wie mache ich das mit – sagen wir mal einem Haushaltsreiniger? Ein Abenteuer! Ich spiele Ihnen das mal vor: Da ist Schmutz. Viel Schmutz. Ein Berg Schmutz. Da ist das Abenteuer: Werde ich diesen Berg bezwingen? Werde ich meine Familie vor diesem Schmutzberg beschützen? Und jetzt kommen Sie, meine Damen, und geben unseren Kundinnen eine Waffe an die Hand. Ein Zepter. Ein Schwert – und nun fragen Sie sich: Wie macht mein Reiniger glücklich? Und wann empfindet meine Kundin dieses Glück? Wenn sie es geschafft hat, wenn der Berg bezwungen ist? Wenn sie in die strahlende Oberfläche einer Edelstahlspüle guckt? Wenn der Mann, die Kinder, die Nachbarin Lob äußern? Wenn die Freundin fragt: ›Wie machst du das bloß?‹ Wie, meine Damen, und das ist die zentrale Frage, wie machen unsere Produkte glücklich!?! Wie kann so ein, mit Verlaub, blöder Reiniger glücklich machen? Wenn Sie das schaffen zu transportieren, werden Ihnen die Kunden den Reiniger aus den Händen reißen! Vom ›nice-to-have‹ zum ›must-have‹ – das ist die Devise, das ist Umsatz! Also noch mal: Wie macht ein Reiniger glücklich?«

Wir saßen mit etwa zehn Frauen in lockerer Klassenformation in einem Seminarraum von HCS, vor uns Namensschildchen, uns gegenüber ein aalglatter, vermutlich hochbezahlter Trainer neben seinem Overheadprojektor. Ich hatte mich mit Birgit in die letzte Reihe verkrümelt.

Viele denken ja, Teleshopping sei nur Marktschreierei. Und noch ein Aal und noch ein Fisch. Nur schlechte Teleshopping-Sender agieren so. Und die Amis, aber das hat andere Gründe. Die Deutschen wollen sachlich und argumentativ überzeugt werden, und wenn es durch Tränen in den Augen beim Streicheln einer hauchzarten Bettdecke ist. Ein richtig guter Teleshopping-Verkäufer ist ein Profi. Pflicht ist das Beherrschen der Arbeit mit Kameras, Monitoren, Händezittern, Set-Dekoration, das Fachwissen über die Ware und ihre Präsentation sowie der Umgang mit sämtlichen Unwägbarkeiten des Studioalltags – wie eitlen Moderatoren, faulen Studiohelferlein, verschwundenen Aufnahmeleitern und unvollständiger oder kaputter Ware.

Kür ist eine schlüssige, emotional vorgetragene Argumentationskette, die strengen Regeln von »Top Selling Features« und »Unique Selling Points« folgt und in die

Erkenntnisse der »Neurolinguistischen Programmierung«, NLP, sowie Wissen über die Zielgruppe einfließen. Wir verkaufen über Emotion, solides Grundwissen über das Produkt ist nur die Basis. Ein guter Teleshopper geht einen Schritt weiter. Und all das kann im schlimmsten Fall dazu führen, dass einer von uns, wie es ich es tatsächlich selbst mit angesehen habe, live einen großen Esslöffel voll biologisch abbaubarem Kloreiniger isst. Denn die oberste Priorität ist Glaubwürdigkeit und Authentizität. Trotzdem: Stellen Sie sich vor, Ihr Chef würde sagen: »Iss einen Esslöffel Kloreiniger, um glaubwürdig zu sein.« Würden Sie es tun? Nein. Warum tut es ein Teleshopper? Erinnern Sie sich:

Ein Teleshopper verkauft mit Begeisterung, Herzblut und Seele. Wir haben kein Grundgehalt und keine Arbeitnehmerrechte, weil wir keine Arbeitnehmer sind. Wir sind lauter kleine weisungsgebundene Selbstständige, die unterschreiben müssen, dass sie keinen Weisungen unterliegen und weder sozial noch finanziell eine Abhängigkeit vom Arbeitgeber begründet ist. Wer sich das ständig vor Augen hält, isst irgendwann auch Kloreiniger.

»Stellen Sie sich jetzt Ihre Kunden vor«, sagte der Jungdynamiker: »Wer kauft Ihre Produkte? Wie sieht er aus? Wie denkt er oder sie? Und jetzt – identifizieren Sie sich mit Ihren Kunden, schmeißen Sie Ihre Vorurteile über den Haufen«, rief er, »versetzen Sie sich in Ihre Kunden hinein, warum braucht er oder sie Ihr Produkt? Warum brauchen es seine Freunde und Verwandte?« Er drehte uns den Rücken zu und ging einen Schritt zu seinem Laptop, den er an den Projektor angeschlossen hatte. »Also meine Damen«, sagte Mr. Schnösel, klickte eine Datei an und zeigte auf die Projektion an der Wand: eine Art überdimensionales Gehirn mit vielen Unterteilungen. »Was Sie hier sehen, ist ein sogenanntes Cluster-Modell. In der modernen Soziologie unterteilen wir unsere Kunden in ›Cluster‹, Gruppen von ähnlichen Wert- und Zielvorstellungen und gesellschaftlichem Hintergrund. Zwei Frauen, die fünfzig Jahre alt sind, verheiratet, Realschulbildung haben und aus Wanne-Eickel kommen, können völlig verschiedene Menschen sein. Die alte Soziologie hat diese beiden Frauen in einen Topf geworfen. Wir nicht. Wir wollen sie kennenlernen. Wir unterteilen unsere Kunden in sogenannte Milieus, da gibt es die Mainstream-Milieus wie die ›Bürgerliche Mitte‹«, die Folie an der Wand zeigte typische Spießer und ihre prominenten Leitbilder: Steffi Graf und Günther Jauch und irgendwen, den ich nicht kannte.

»In der ›Bürgerlichen Mitte‹ finden wir unsere Hauptkunden für Ihre Haushaltswaren-Produkte, meine Damen. Ihre Werte sind Familie und Kinder, Harmonie und Intaktheit, Eigenheim und Absicherung. Sicherheit, Sicherheit, Sicherheit. Nichts Extremes, nur nicht auffallen.« Er schwieg, klickte, und an der Wand erschien ein bürgerliches Wohnzimmer. »Achten Sie auf die cremefarbenen Polster, passend zum cremefarbenen Lichtschalter, die Zimmerpflanze, das mediterrane Flair. Man ist um die vierzig, verheiratet, hat ein Kind, hier sehen sie den handelsüblichen Teenager, passend zum Beistelltisch.« Oh, dachte ich, Mr. Schnösel kann Ironie, da schau her. An Petra Berger ging das vorbei. Mit offenem Mund himmelte sie unseren Coach an. Ich trat sie ein bisschen unter dem Tisch und murmelte Verzeihung. Der Schnösel warf uns einen missbilligenden Blick zu.

»Dann haben wir hier die ›Konsum-Materialisten‹, Identifikationsfiguren: Jürgen Drews, Michael Wendler, Andrea Berg, ich sag's mal so: einfache Leute, einfach im Denken, ganz wichtig ist hier der Konsum, das Statussymbol, die dicke Uhr, die neuste Technik, das Geprotze. Immer ein bisschen zu dick aufgetragen, um wirklich Stil zu haben. Konsum, Konsum, Konsum, Dazugehörigkeitsgefühl und Status, das sind die Argumente, wenn Sie diese Menschen erreichen wollen. Ich zeige Ihnen jetzt ein paar typische Vertreter, überlegen Sie sich, wie Sie denjenigen ansprechen.«

In rascher Folge wechselten Passfotos von ziemlich dümmlich aussehenden Menschen auf der Wand, zum Teil mit Kirmes-Lebkuchenherz um den Hals, zum Teil mit sehr vielen Muskeln im Nackenbereich. »Und wenn Sie jetzt denken, meine Damen, ich bin anders, ich passe in kein Schema, muss ich Sie leider enttäuschen. Da haben wir hier die ›Etablierten‹«, er schaltete zurück auf das Schichtenmodell, »schauen Sie hier auf die oberhalb der Mitte angesiedelte Zelle, die ›Etablierten‹, ein sogenanntes Leitmilieu, an dem sich andere orientieren, das selbstbewusst-stilvolle Establishment, Erfolgsethik, ausgeprägte Ansprüche, Kultiviertheit und Stil. Sie trinken gerne teuren Wein und wollen sich abgrenzen gegenüber dem Plumpen.« Bilder von Museen und silberfarbenen Menschen, silberfarbenen Autos, Senta Berger und Gerhard Schröder, teuren Wohnzimmern und schicken Autos versilberten die Wand. »Sie, Andrea, Sie etwa würde ich auf den ersten Blick zwischen ›Modern Performer‹, also jung gebliebene unkonventionelle Durchstarter, Stichwort Trend und Innovation, Flexibilität und Anti-Aging, und ›Postmaterielle‹ ansiedeln«, er lächelte maliziös. »›Postmaterielle‹ – also: aufgeklärtes Nach-68er-Milieu, liberale Grundhaltung, Multikulti, Öko, kritisch, das Übliche. Ungefähr das Gegenteil von den Konsum-Materialisten.«

Bilder von Prominenten und Wohnzimmern, Menschen und Kleidern flimmerten über die Wand. Es gab kein Entrinnen aus dem Schichtenmodell, ein jeder und ein jedes fügte sich nahtlos ein. Wer nirgendwo richtig passte, befand zwischen den Milieu-Vertretern. An den linken Rändern des Gesellschaftsmodells fristeten die »Traditionalisten«, die »DDR-Nostalgiker« und die »Konservativen« mit Volksmusikantenstadel und Edmund Stoiber ihr Nischendasein, auf der rechten Seite gab es ein kleines Cluster »Experimenteller«, zu deren Leitbild Nina Hagen gehörte, und »Hedonisten« mit ihrem Vorbild Campino von den »Toten Hosen« und Ozzy Osborne. Jeder passte irgendwie in diese Welt des allein selig machenden Konsums.

»Mit Ihren Artikeln, meine Damen, denn wir vertreiben nun mal weder Totenkopf-T-Shirts noch Cannabis, konzentrieren wir uns im Wesentlichen auf zwei sogenannte Mainstream-Milieus: die ›Bürgerliche Mitte‹ und die ›Konsum-Materialisten‹. Also zentrale Frage: Wie machen unsere Produkte Bürgerliche und Konsum-Verliebte glücklich? Und wie machen wir uns als Heilsversprecher glaubwürdig? Wie adaptieren wir den Lebensraum, Kleidungsstil, die Sprache unserer Hauptkunden?« Döbler-Schmitz meldete sich: »Also, ich trage ja zum Beispiel gerne eine Perlenkette beim Sell, das hat so was Seriöses. Ich finde ja gerade die äußerlichen Merkmale wichtig, danach urteile ich ja auch im ersten Augenblick, nicht wahr?« Hab ich mir gedacht, dachte ich und lächelte falsch wie Döbler-Schmitz' Perlenkette. Der Trainer bedachte Döbler-Schmitz mit einem liebevollen Blick und machte sich eine Notiz. Bestimmt malte er eine eins mit Sternchen in sein Taschenbuch.

Der Trainer hob begeistert die Arme: »Ganz richtig, so funktioniert es. Sie verkaufen an Konsum-Materialisten: Tragen Sie dicke Uhren. Sprechen Sie über tolle neue Klangerlebnisse mit dem neuen tollen Dolby-Surround-Fernseher, nicht wahr, ein Abend mit Freunden, bewundernde Blicke! Den Spaß an toller neuer Technik. Mit dem neuen Super-Navigationsgerät bei Tempo 200 auf der Bahn. Ich geb Gas, ich will Spaß! Und ruhig auch mal wieder das Thema Neid, aber nicht so offen, mehr so im Stil ›Ja, da haben die alle geguckt‹. In welchem Milieu funktioniert Ihr Produkt am besten? Ist dasselbe Navigationsgerät auch für Postmaterielle interessant? Betonen Sie den Energiesparmodus, das Auto als günstige Alternative zum Nahverkehr, weil man sich ja nicht mehr verfährt, die Möglichkeit, Wege abseits der Autobahn in den Routenplaner einzutippen, seien Sie kreativ. Lernen Sie Ihre Kernmilieus kennen und denken Sie an NLP: Neurolinguistische Programmierung. Positive Konditionierung, positive Ansprache. Keine Neins, keine Nichts!«

Er verteilte ein Portfolio: »Machen Sie sich das zu eigen, studieren Sie Ihre Unterlagen, studieren Sie daheim Ihre Nachbarn als typische Vertreter eines Milieus. Bestimmt wohnen die im nächsten Stockwerk oder nebenan: der schlichte Konsum-Materialist mit dem aufgemotzten Auto, die eitle Modern-Performerin mit der albernen Haarfarbe, die ›etablierte‹ hochnäsige Schnepfe, der ewig gestrige Hausmeister mit der ›DDR-Nostalgiker‹-Attitüde, nur dass er halt ein Wessi ist.

Sprechen Sie den Nostalgiker an. Sagen Sie: ›Früher war ja nicht alles schlecht‹, das kann man immer mal sagen. Sie wollen Ihre Kunden überzeugen? Dann werden Sie einer Ihrer Kunden. Oder besser noch: Werden Sie eine Ihrer Leitfiguren.« Sein Grinsen hatte etwas Teuflisches. Und doch war unser Trainer ein ganz normaler Mitmensch. Genau daran krankt unser Planet. An ganz normalen Menschen in all ihrer Monstrosität.

Kuscheln mit dem Garderobenständer

Der Trainer drehte sich geschäftig um, rieb sich die Hände und rief: »Und nun meine Damen: Üben Sie sich in der richtigen Ansprache Ihrer Kunden! NLP! Positiv! Petra«, der Trainer betrachtete uns einen Moment und schwang sich lässig auf seinen eiterfarbenen Schreibtisch, »liebe Petra, wenn Sie vielleicht mal nach vorne kommen möchten und uns allen hier diesen … äh …«, er blickte sich suchend um, sein Blick fiel auf einen schäbigen Garderobenständer in der Ecke, »Garderobenständer verkaufen würden.« Petra erhob sich langsam und stellte sich in die Ecke neben den Garderobenständer, der sie schlankweg um zwei Köpfe überragte und an dem drei traurige Jacken baumelten wie aufgeknüpfte lernunwillige Seminarteilnehmer. »Nur zu, ich bin gespannt, wir alle sind gespannt«, rief der Trainer, rutschte vom Schreibtisch und nahm auf Petra Bergers Stühlchen in unserer Mitte Platz. »Liebe Petra, wo stehen Sie denn da nun im Raum?« Petra Berger guckte sich um. »In der Ecke«, sagte sie hilflos. »Raus da«, rief der Trainer, »raus aus der Ecke! Das ist doch die erste wichtige Regel – positionieren Sie Ihr Produkt vernünftig im Set. Wer kauft denn etwas, was in der Ecke steht!« Petra Berger zerrte den Garderobenständer neben den eiterfarbenen Schreibtisch. »Wunderbar, Petra«, rief der Trainer, »jetzt lernen Sie Ihr Produkt auch gleich kennen. Es ist leicht, man kann es hin und her schieben, oder?« – »Äh ja«, sagte Petra Berger. »Und nun«, rief der Trainer glückselig, »an welche Gesellschaftsschicht richtet sich unser Angebot, liebe Petra?« – »Tja, Garderobenständer, das ist mehr so …«, brach Petra hilflos ab. »Genau«, sagte der Trainer, »ein traditionelles Möbelstück, fast schon schichtenübergreifend, trotzdem tendiere ich, so wie der Ständer aussieht, also unmodern und langweilig, zur bürgerlichen Mitte, Traditionalisten, Nostalgiker und so weiter. Legen Sie mal los, Petra, überzeugen Sie uns, dass wir diesen Garderobenständer unbedingt zu unserer Glückseligkeit brauchen!«

Petra starrte zu dem Garderobenständer hoch. »Da würd ich jetzt sagen, meine Damen und Herren, wir haben hier einen Garderobenständer, der kann so viel, da kann man Jacken dranhängen oder einen Hut oder …«, sie kniff die Lippen aufeinander und überlegte, »Schuhe.« Der Trainer zuckte hoch. »Schuhe?« – »Ja, sicher«, sagte Petra mit heroisch vorgetragener Überzeugung, »man muss ja auch mal quer denken, hieß es doch vorhin, da kann man doch auch mal was Neues erfinden und entsprechende Argumente. Sparen Sie den Schuhschrank, an unseren Garderobenständer, da kann man auch mal Schuhe hängen!«, fuhr sie zunehmend mutiger werdend fort. »Ja, warum nicht, natürlich, Schuhe«, sagte der Trainer mit wenig überzeugter Stimme. »Sehen Sie, Petra, es gibt viele Argumente, die für diesen Garderobenständer sprechen. Wenn Sie wirklich der Meinung sind, man kann Schuhe dranhängen, na gut. Aber da sollte noch mehr sein: Also, was kann der Garderobenständer alles sein, die Frage geht an alle!« – »Ach«, streberte Döbler-Schmitz los, »der Ständer ist so schön schlank und modern, da würde ich jetzt denken, wir sprechen auch die ›Modern Performer‹ an.« Der Trainer nickte übertrieben erleichtert. Döbler-Schmitz legte einen Finger an die Lippen. »Nun, und wenn unsere Kunden jung geblieben sind oder sich dafür halten und modern und flexibel, dann sollten wir vielleicht argumentieren: ›Dieser Garderobenständer, der passt in jede Ecke, der zieht mit um, der ist leicht und multifunktional, da kann man Jacken dranhängen und Mäntel und Hüte und Schuhe und die silbernen Garderobenhaken, die Sie gleich noch mit erwerben können, die blinken so schön, das ist wie Schmuck für den Flur, und da spart man auch den Platz für einen Schrank.‹« – »Ja, genau«, rief Martina Schönhauser, die neben Döbler-Schmitz saß, und lächelte in jede Ecke des Raums, »da hat sie völlig recht.« Genau dasselbe machte sie bei den Sells auch immer. Lächeln, geschminkt sein und dem Moderator zustimmen. Ich hasste es.

Döbler-Schmitz lief zur Höchstform auf: »Und gegebenenfalls kann man da auch Sachen dran trocknen lassen, wenn der Trockner nicht richtig getrocknet hat, oder eine Decke auslüften.« – »Gut, gut, gut«, sagte der Trainer und stoppte Döbler-Schmitz' Redefluss, »da haben wir jetzt ja ganz viele Argumente.« Döbler-Schmitz lächelte stolz. »Ein bisschen zu viele Argumente«, sagte der Trainer. Döbler-Schmitz hörte auf zu lächeln. Dafür begann ich zu grinsen. Wie gesagt, wir sind ein ziemlich ekliger Haufen.

Beim Teleshopping ist es wichtig, sich auf drei Hauptargumente zu beschränken, die sogenannten »Top Selling features«. »Birgit!«, rief der Trainer enthusiastisch, »Birgit, welche drei Hauptargumente fallen Ihnen zu unserem Garderobenständer ein?« Und wieder geschah neben mir das Wunder, aus Not und Schlafmangel geboren; Birgit schreckte aus dem Schlaf, warf noch im Hochziehen des Augenlids einen Blick auf den Garderobenständer und verwandelte sich in Sekundenschnelle zu einer Top-Verkäuferin. »Jeder braucht einen Garderobenständer, erstens ist er platzsparend, zweitens komfortabel, man muss nicht erst eine Schranktür aufmachen, nein, man kann die Jacke beim Reinkommen sofort drüberschmeißen, und drittens, überlegen Sie mal, Sie wollen Ihre Wohnung umräumen. Was ist das immer für ein Theater, Schränke zu verrücken, auseinanderzubauen, dann kriegt man die nie wieder zusammengebaut. Unseren Garderobenständer, den nehmen Sie an dem soliden Fuß und rollen ihn rückenschonend in eine andere Ecke. Fertig.«

»Chapeau!«, sagte der Trainer. »Ganz genau«, rief Martina Schönhauser und lächelte. Döbler-Schmitz sagte nichts, verzog aber die Mundwinkel so weit nach unten, dass sie beinahe den Seminarraumboden berührten. Ich freute mich, Birgit sank zurück in den Dämmerstatus. Ingrid Böntgen, die Wellnessexpertin, studierte heimlich unterm Tisch Geschäftspapiere. Offensichtlich hatte sie eigene Pläne, von denen wir noch nichts wussten.

Der Trainer rutschte wieder vom Schreibtisch und deutete auf Petra. »Petra, jetzt verkaufen Sie uns den Garderobenständer mit Birgits Argumenten.« Döbler-Schmitz warf beleidigt den Kopf in den Nacken, eine Geste, die der Trainer registrierte. »Und all die tollen Argumente von Iris Döbler-Schmitz behalten wir im Hinterkopf«, rief er, woraufhin Martina Schönhauser zu lächeln aufhörte. »Und nachher«, rief der Trainer, und leichte Verzweiflung schlich sich in seine Satzmelodie, »spielt Martina einen Anrufer, der Fragen stellt, und dann, Petra, haben Sie die überzähligen Argumente in der Hinterhand.« – »Das ist richtig«, sagte Martina Schönhauser und lächelte bezaubernd. Der Trainer tupfte sich unbewusst über die Stirn. »Gut, und vielleicht ruft dann jemand anders auch noch an und spielt einen unserer Kunden aus dem, sagen wir mal, Etablierten- und dem Postmateriellen-Milieu.« – »Und bitte, liebe Petra!«

»Tja«, sagte Petra Berger und warf einen misstrauischen Blick auf den Garderobenständer, »heute haben wir hier einen Garderobenständer für Sie, also für die Etablierten und die, Dings, Posttraumatisierten ...« – »Nein, nein«, rief der Trainer, »wir müssen die Menschen persönlich ansprechen! Das mit den Milieus ist doch nur für den Hinterkopf. Sie sprechen jetzt die Etablierten an und die Postmateriellen, aber so, wie die angesprochen werden wollen. Und bitte!« – »Äh, meine sehr verehrten Damen und Herren, liebe Exzentriker«, sagte Petra Berger, und der Trainer schloss für einen Moment die Augen. Fast konnte er einem leidtun, aber eben nur fast. »Also, wir haben hier einen so tollen Garderobenständer, den will jeder haben«, sagte Petra Berger und zeigte auf ihren Garderobenständer, der still, stumm und geduldig im Raum stand, »das ist, weil, wenn man mal umzieht, dann kann man den auch einfach mitnehmen. Probieren Sie das mal mit einem Schrank.« Ich konnte nicht anders, ich musste ein bisschen applaudieren.

Der Trainer bedachte mich mit einem vernichtenden Blick. »Andrea, was fällt Ihnen auf?« – »Weiß nicht«, sagte ich lahm. »Sie steht ein bisschen weit weg von dem Garderobenständer«, rief unsere Kosmetik-Queen Laurie King plötzlich aus ihrem Botox-starren Gesicht heraus, ohne auch nur einen Mundwinkel zu bewegen. Dem Vernehmen nach war sie Amerikanerin, aber sicher konnte man sich da beim Teleshopping nie sein. Bislang hatte Laurie keine Miene verzogen, vielleicht, weil sie es nicht mehr konnte, dafür sprach sie jetzt nachdrücklich, wie eine gealterte Bordsteinschwalbe. »Näher rangehen, anfassen das Ding«, sagte sie verachtungsvoll. »Genau! Anfassen, anpacken, streicheln, Haptik, Begehren erzeugen!«, rief der Trainer. »Wie kann ich das Glück verdeutlichen, das Glück, das mein Produkt dem Kunden schenkt – zeigen Sie es, fassen Sie es an!« Er lief zu Petra Berger, nahm sie an die Hand und zerrte sie an den Garderobenständer, um ihre Hand auf den Kunststoff zu drücken. »Und jetzt, Petra, zeigen Sie uns den Genuss, den Sie empfinden, wenn sie den Ständer berühren! Werden Sie eins mit diesem Garderobenständer! Identifizieren Sie sich mit ihrem Produkt! Petra! Genießen Sie! Jetzt!«

»Ahhh…mhhhh«, sagte Petra Berger, schloss die Augen und öffnete eins wieder. »Ahh…mhh.« Petra lief in einem Akt der Verzweiflung zur Höchstform auf: »Der fühlt sich so toll an, dieser Garderobenständer, so straff, so glatt!« – »Das ist doch hier keine Dildo-Party«, schüttelte Laurie King ihr Haupt. »Also, dieser Garderobenständer«, rief Petra und streichelte über die tragende Säule, »der ist praktisch und komfortabel, sehen Sie, und schön stabil«, sie rüttelte an dem Fuß, »und damit kann man ihn überall hinrollen, wenn Sie mal umziehen, meine Damen und Herren, hier einfach in die andere Ecke rollen. Und jetzt kommt das Beste: Sie können alles Mögliche dranhängen, ohne dass der umkippt: eine Jacke«, sie nahm die Jacke des Trainers und hängte sie possierlich lächelnd auf, »oder Schuhe«, noch ehe jemand sie hindern konnte, war sie auch schon aus ihren Schuhen geschlüpft und hatte sie aufgehängt. »Oder auch Kleidung, wenn Sie abends nach Hause kommen, das kennt man ja, da will man einfach in was Bequemes schlüpfen, aber die Bluse ist vielleicht noch gut, die kann man morgen noch mal tragen, die soll nicht zerknittern, wenn man die übern Stuhl wirft, und jetzt gucken Sie mal.« Ehe jemand »Stopp!« sagen konnte, stand Petra Berger im fleischfarbenen Beton-BH vor uns, und ihre gelbe Satinbluse hing über dem Garderobenständer.

Der Trainer war ein wenig in sich zusammengesunken, ich dagegen lag mental gesehen komplett unterm Tisch. »Und der geht auch nicht schnell kaputt«, rief Petra barfuß und im BH, auf der Suche nach weiteren Argumenten.

»NLP«, flüsterte der Trainer, »Neurolinguistische Programmierung. Sagen Sie niemals: ›Der geht auch *nicht* kaputt.‹ Automatisch denkt jeder an einen kaputten Garderobenständer. Sagen Sie nicht: ›Denk *nicht* an einen weißen Elefanten‹, jeder denkt sofort an einen weißen Elefanten. Formulieren Sie positiv. Und ziehen sich bitte wieder an«, fügte er noch kraftlos hinzu. »Ich würde sagen, wir machen jetzt eine kleine Pause.«

All das, was wir auf solchen Seminaren lernten, hatte Iris Döbler-Schmitz am besten von uns allen verinnerlicht.

Deshalb war ihr auch sofort klar, warum die Geschäftsleitung Sigrid durch Sibylle ersetzt hatte, wie sie uns einige Zeit nach dem Seminar in der Gästelounge im ersten Stock erläuterte und dabei gleichzeitig beste Kontakte zur Führungsebene offenbarte.

»Erhebungen von Marketing und TV-Sales haben ergeben, dass Sigrids Marke ›Queen Elizabeth‹, also ihre kitschigen Tisch- und Platzdeckchen und der ganze andere Quatsch, hauptsächlich von unserer liebsten Käuferschicht, den ›DDR-Nostalgikern‹ und ein bisschen von den ›Konsum-Materialisten‹, gekauft werden. Beide Cluster, ihr erinnert euch an die Schulung? Cluster? Käuferschichten? Zielgenaue Ansprache? Also, die Käufer des ›Queen-Elizabeth‹-Kitsch zeichnen sich nicht gerade durch Intelligenz aus. Und da der ganze ›Queen-Elizabeth‹-Kram nicht mehr lief, kam TV-Sales auf die Idee, na was wohl?« – »Der Gast ist schuld«, murmelte Birgit düster. »Genau, der Gast ist schuld, nämlich zu klug für das Produkt und die Zielgruppe. Taugt daher nix als Identifikationsfigur für kitschige Tisch- und Platzdeckchen. Trotzdem hatte Sigrid nach zehn Jahren Tätigkeit als ›Queen-Elizabeth‹-Expertin bei unseren Stammkunden eine gewisse Vertrauensbasis erwirtschaftet, die wollte man nicht verlieren.«

»Klar«, murmelte Corinna und schlüpfte in schwarze High Heels, »also brauchte HCS jemanden, der so ähnlich aussieht wie Sigrid, damit Sigrids Stammkunden bleiben und weiter vertrauen. Zugleich aber sollte dieser Jemand weniger intelligent sein, damit sich neue Käufer nicht minderwertig vorkommen.« – »Et voilà! Sibylle«, sagte Döbler-Schmitz munter und puderte sich die Nase.

Alarm im Haifischbecken – Verträge und Karrieren in Gefahr

Die Einschläge kamen also näher. Birgit schien einen ähnlichen Gedanken zu haben und wandte sich an Martina Schönhauser. »Was ist denn nun mit deinem Vertrag?« – »Hach, das ist alles so schwierig«, seufzte Martina. »Wieso schwierig?«, rief Birgit und fuchtelte mit der Dose wie ein König mit dem Zepter. »Du musst dem Einkauf einfach mal sagen, die sollen die Fische auf den Tisch legen!« Wir anderen überlegten, was sie meinen könnte.

»Also, Martina, echt!«, rief Birgit kämpferisch. »Ich finde, du solltest jetzt mal langsam mit dem Einkauf zu Potte kommen!« Wir nickten alle, auch Döbler-Schmitz, und gaben zustimmende Laute von uns. Niemand sollte so lange auf Entscheidungen warten müssen.

»An eurer Stelle würde ich die Klappe mal nicht so weit aufreißen«, sagte Martina Schönhauser genervt. »Als ich vorgestern beim Einkauf war, stand da nicht nur mein Vertrag zur Disposition. Da lagen *alle* Verträge. *Alle eure Verträge!*«, sie deutete mit einem perfekt manikürten Fingernagel in die Runde. »*Alle!* Alle eure Verträge«, sagte sie genießerisch, »die wollen nicht nur mich kürzen. Euch auch. Die gehen uns allen an die Verträge!« Und dann sagte sie den verlogensten Satz, den ich in meinem gesamten Teleshopper-Dasein gehört habe: »Wir müssen alle zusammenhalten!« – »Alle unsere Verträge?«, rief Birgit, die permanent Katastrophen heraufziehen sah. »Die wollen uns allen ans Geld?« Panisch glotzten wir uns an. »Wir müssen zusammenhalten«, sagte Martina und blickte kurz zu Döbler-Schmitz rüber, »keiner darf da nachgeben oder die anderen unterbieten.« Ich bewunderte sie für ihren geschickten Schachzug und sah ein unstetes Licht in Döbler-Schmitz Augen flackern. »Ja, genau«, sagte Döbler-Schmitz, »wir müssen alle zusammenhalten.« Ich konstatierte still für mich: Martina Schönhauser beherrschte denselben Trick wie Daniela Katzenberger, genannt »die Katze«, oder weiland Verona Feldbusch: Sie stellte sich dümmer als sie war.

»Da wird ja das Huhn in der Pfanne verrückt!«, rief Birgit. »Mein Vertrag liegt beim Einkauf offen rum? Jeder kann da reingucken? Praktikanten, Geschäftsleitung, Putzfrau – alle? Was geht denn da ab!?« – »Jawohl«, bestätigte Martina und nickte, soweit es ihre übrig gebliebene Haut am Hals zuließ, »die wollen uns alle für billiger.« – »Ja, aber wer entscheidet denn so was?«, rief Birgit. »Das entscheiden die doch nicht mal eben am Küchentisch!« – »Am grünen Tisch«, sagte ich versehentlich automatisch, eigentlich liebte ich Birgits

Sprichwortvariationen. »Mir egal, ob der Küchentisch grün ist oder blau!!«, rief Birgit empört. »Das glaube ich jetzt nicht, dass die an alle unsere Verträge gehen!« Plötzlich hatten wir alle Muffe.

»Wie gesagt, wir müssen eben zusammenhalten«, sagte Martina. »Genau!«, rief Birgit. Wir nickten und gaben zustimmende Laute von uns, wobei wir uns gegenseitig genau im Auge behielten. Ein Rudel Hyänen hielt auch zusammen, wenn es darum ging, das schwächste Tier zu zerreißen.

Manchmal fließt auch Blut – Das Zusammenspiel von Moderator und Experte

Senol, der Aufnahmeleiter, bog schwungvoll um die Ecke, schubste mich von seinem Bürostuhl und brüllte »Änderung«. Wir waren sofort alle blitzwach, außer Gänsel, der offenbar sein Hörgerät ausgestellt hatte. »Andrea«, Senol deutete auf mich, »deine Kleider sind raus aus der Stunde, wir machen die Lufti-Kuss-Nackenrolle noch mal!« Martina tänzelte zurück ins Set, während ich ihr giftig und neidvoll hinterherschielte. Das würde wieder Probleme mit der Abrechnung geben, ich war da, ich hatte aufgebaut, aber mein Produkt ging nicht on air. Das bedeutete, ich würde höchstens den halben Stundensatz bekommen und Genörgele beim Verhandeln. Mist. Warten. Wir Teleshopper warten viel.

Hinter Horst Gänsel trudelte seine Küchencrew langsam bei uns im Aufnahmeleiter-Eckchen ein. Olivia, das intelligente Küchen-Pendant zu unserer Martina Schönhauser, fast täglich on air, stützte sich müde auf den Schreibtisch und absolvierte ihren Soundcheck. »Va bene, ich bin müde«, krächzte sie mit deutlich italienischem Akzent. Olivia hatte schöne weibliche Kurven, eine olivfarbene Haut und lange dunkle, meist zu einem praktischen Küchenknoten aufgesteckte Haare. Sie war studierte Juristin und auf dunklen Umwegen, die unser aller Lebenslauf auszeichnete, zum Teleshopping gestoßen. Olivia verkaufte Aufbewahrungsdosen, Brettchen, Pfannen, Messer und jegliche andere Küchenutensilien in den sogenannten »Küchenstunden« oder unserem Potpourri, der »Good-Morning-Show«. Olivia war ein guter »Küchengast« – eine authentisch wirkende Mittvierzigerin mit exzellenten Kochkenntnissen, die ohne zu lügen von ihrer heilen Familie erzählen konnte.

»Irgendwas fehlt!«, rief Gänsel. »Stimmt«, sagte Olivia, »der Moderator!« – »Änderung!«, brüllte Senol und drückte seine rechte Hand auf den Knopf in seinem Ohr, um den Producer besser zu verstehen, der offensichtlich heute kurzfristige Änderungen liebte, »Andrea, du kommst doch noch mal mit deinem Anzug dran.« Unsere Stunde war fast um, ich dankte dem lieben Gott für die Fügung bei meiner Abrechnung und die intellektuelle Verschnaufpause, da die meisten unserer Haushaltswarencrew bereits Richtung Kantine verschwunden waren. Nur Birgit und ich blieben noch ein wenig sitzen. Ich überprüfte den Sitz meines Tigermuster-Hausanzugs.

Gänsel kommentierte mein Outfit, indem er sich brüllend vor Lachen aufs Sofa warf. Das ging mir dann doch zu weit. Ich warf einen Blick auf den Ablaufplan der kommenden Küchenstunde, in der Gänsel sein Tagesangebot, den Kriegstopf, präsentieren sollte. »Und«, fragte ich mit einer möglichst unbeteiligten Stimme, »dein Moderator ist also noch nicht da? Dann darf ich schon mal gratulieren: Stefan ist der Host deiner Küchenstunde.«

»Stefan!« Gänsel war ehrlich entsetzt. »Heilige Sch…, Stefan! Jetzt muss ich wieder genau aufpassen, dass ich ihm nicht sage, was er auf keinen Fall zeigen darf!« Wir wussten alle, was gemeint war. Moderator-Stefan war ein besonderer Fall. Sagte man: »Du Stefan, guck mal, hier diese Zierleiste/Applikation/Griff vom Topf/, die/der/das hält nicht so gut/gar nicht/ist schon abgebrochen, bitte reiß/zeig/drück da während der Show nicht dran rum/rauf/rein, und steck da nichts rein/probier das nicht aus/sprich das nicht an«, konnte man davon ausgehen, dass Stefan genau das tat. Für uns Experten ist das katastrophal. Pannen on air sind zwar lustig, aber nur für den Zuschauer.

Warum Stefan so agierte, ob Probleme in der Kindheit, eine gespaltene Persönlichkeit, Forscherdrang oder einfach das Arschlochgen verantwortlich waren, wusste niemand. Ich ging ins Set, verkaufte Tigeranzüge und kam zurück, in Gedanken immer noch bei Stefan, der gleich die Küchenstunde machen würde.

Stefan war immer noch nicht da. Und selbst ein schlechter Moderator ist besser als gar keiner. Gänsel stand kurz vorm Herzinfarkt, Stefan blieb unsichtbar. Olivia machte sich bereit, die Küchenstunde gleich zu eröffnen, und ging schon mal ins Set, letzte Handgriffe anlegen. Sie eröffnete die Stunde mit einem Messerset mit Blumendekor, antibakteriell ausgerüstet. Der letzte Schrei aus den USA.

Endlich bog Stefan im Sturmschritt um die Ecke, jedes gegelte Härchen am Platz, modisch & chic, eben wie ein lebender Ken. Stefan begrüßte Gänsel kurz: »Wir verkaufen dann gleich mal deine Töpfe da aus, brauchst mir nichts sagen, ich hab mir den Kick-off angeguckt.« Er schnappte seinen Knopf im Ohr und sein Ansteckmikro, warf einen verliebten Blick in den Spiegel und eilte Olivia in die Küche hinterher.

Gänsel ließ sich erleichtert neben mir aufs Sofa plumpsen. Besser Stefan als gar kein Moderator. Der Flachbildschirm zeigte die Küche in der Totalen, ein Bild wie aus einer der unsäglichen Kochshows: Stefan und Olivia in rot leuchtenden Kochschürzen nebeneinander, vor ihnen Herd und Arbeitsplatten. Stefan begrüßte lässig die Zuschauer: »Ja, hallo liebe Zuschauer, hier die Vorschau der kommenden Küchenstunde, auch mit unserem tollen Tagesangebot von Horst Gänsel, aber zuerst darf ich Ihnen …«

Olivia säbelte wie eine Wahnsinnige mit einem der antibakteriellen Messer nebst Messerblock rote Tomaten auf einem rosa Schneidebrettchen klein. Das rosarote Gemetzel neben dem Hackblock, aus dem unterschiedlich große Griffe ragten, sah aus wie die Nahaufnahme aus einem Horrorfilm. »Diese Messer sind so scharf, da kann man sich nicht mit schneiden«, behauptete Olivia mit ihrem weichen italienischen Akzent, »man schneidet sich ja nur mit stumpfen Messern, weil man da ja abrutscht.« – »Also, ich …«, fuhr ihr Stefan in die Parade und setzte zu einer seiner gefürchteten Ausführungen an, von denen wir uns ein paar ausmalten: Er könnte etwa sagen: »Also, ich brauche gar kein Messer, brauchen Sie zu Hause denn wirklich noch ein Messer?« Oder wahlweise: »Also, ich finde stumpfe Messer besser – hey, das reimt sich.« Oder: »Also, ich hab Ihr Messer da letztens mal probiert, da ging das gar nicht.«

All das wäre typisch gewesen und hätte Olivia in argumentative Bedrängnis gebracht. Doch sie beugte

Stefans gefährlichen Ausführungen vor, indem sie selbst sich vorbeugte. Und das Wunder geschah: Ihre Doppel-D-Brüste brachten Stefan unverzüglich zum Schweigen. »Dieser Stenz! Dieser Stenz!«, rief Gänsel. »Wenn ich Brüste hätte, ja dann … Nicht mal zur Besprechung ist der erschienen. ›Ich hab den Kick-off gesehen‹ – eine Unverschämtheit! Das reicht doch nicht! Der Kick-off war um null Uhr, seitdem ist doch schon viel passiert! Aber der Herr hat's ja nicht nötig und …« Was auch immer Stefan, Brüste oder eine Besprechung an der Situation des gusseisernen Tagesangebots geändert hätten, es ging in einem erstickten Aufschrei aus den Fernsehlautsprechern unter.

Olivia war trotz scharfen Messers an einer Tomate abgerutscht. Sie versuchte den blutenden Zeigefinger hinter ihrem Rücken zu verbergen und die Situation zu überspielen, woraufhin Stefan selbstverständlich ihre Hand nach vorne zog, einen Blick darauf warf und sagte: »Oh, so viel Blut.« Olivia warf einen Blick auf ihre Hand, sagte »kein Problem« und wurde ohnmächtig. Der Fernseher zeigte einen verblüfft glotzenden Moderator und einen leeren Platz, wo gerade noch Olivia gestanden hatte. »Tja, meine lieben Zuschauer«, faselte Stefan, »hier ist alles live. Da sehen Sie mal, wie scharf die Messer sind. Wenn Sie auch so ein Messer wollen …« Senol, unser Aufnahmeleiter, spurtete mit Verbandszeug los, ich selber glotzte gespannt auf den Fernsehschirm. Wann würde die Regie Stefan erlösen, der endlich Olivias Messer anpries, sich allerdings nicht mehr traute, eins davon anzufassen. Über einem Schneidebrettchen erschien Olivias etwas zerzauster Haarschopf und ein sehr fragender Gesichtsausdruck.

Nach dem Messer der Kochtopf – Wenn der Experte zur Furie wird

Horst Gänsel war sauer, die Nummer mit dem Messer und dem Blut, so fürchtete er, könnte ihn die letzten kaufwilligen Kochtopf-Kunden gekostet haben. Die Regie hatte reagiert und die Aufzeichnung einer alten Show eingespielt, bis sich vor der Kamera bei uns live im Studio alles sortiert hatte.

Schließlich kehrte der Aufnahmeleiter mit der sichtlich angeschlagenen Olivia zurück, deren Finger ein großer Verband zierte. Wir empfingen sie auf unserer Couch, als hätte sie gerade einen Tsunami überlebt und nicht nur eine Verkaufsshow mit Stefan. Die Regie zauberte währenddessen noch mal Tillmann D. inklusive Minihund und Kaminfeuer auf die Mattscheibe, damit die Helferlein mehr Zeit hatten, die blutigen Brettchen beiseitezuräumen.

Gänsel marschierte jetzt klein, dick und trotzig ins Set und stellte sich zwischen den sportlich-langen Schönling Stefan und einen Berg gusseiserner Töpfe. Auf dem Ceranfeld vor Stefan und Horst Gänsel blubberte der Inhalt der Töpfe. Wortlos stierte Gänsel in das gusseiserne Geschirr, aus dem ein mythischer Nebel aufstieg. Ein verlockender Duft schwebte durch das Studio. Ein Kameramann am Kamerakran testete die besten Einstellungen aus der Vogelperspektive, während Tillmann D. weiter über den On-air-Monitor schillerte und die Helferlein letzte Hand an die Blutlachen legten. So viel wie heute war schon lange nicht mehr an einem Tag schiefgegangen. Ich schlenderte, um wach zu bleiben, Gänsel hinterher und lauschte ergriffen dem internen Vorgeplänkel der beiden, bevor die Sendung losging.

»Was haste denn da wieder zusammengerührt?«, nörgelte Stefan. »Das sieht ja aus, als hättest du da reingespuckt!« Stefan zeigte auf einen Klecks Crème fraîche, der im zweiten Topf auf einem Risotto schwamm. »Und so schmeckt das auch!«

»Das liegt daran, dass ich dir immer nur den abgelaufenen Fraß zum Kosten gebe«, lachte Gänsel herzlich und wurde zunehmend munterer. Stefan warf dem kleinen Mann neben ihm einen halb entrüsteten, halb besorgten Blick zu: »Das ist doch jetzt hoffentlich ein Scherz!« – »Natürlich«, lachte Gänsel und beging dann wider besseres Wissen den Kardinalfehler im Umgang mit Stefan: »Übrigens, Stefan, bevor ich es vergesse: Frag nicht so ausführlich nach der Reinigung. Das gusseiserne Zeug kriegste kaum sauber. Wenn da mal was anbrennt, kannste den Topf quasi wegwerfen.« – »Ja, klar«, sagte Stefan. Ich fasste mir an den Kopf.

Auf dem linken Preview-Monitor, der auf dem Boden vor den Kameras stand und einen Bildschirm zum Set und einen zum Studio hin hatte, sodass er von beiden Seiten aus einsehbar war, erschien der rückwärtslaufende Sekundenzeiger, ein Product Coordinator zählte mit: »Fünf, vier, drei, zwei, eins … ON!« Stefan füllte den rechten On-air-Bildschirm und somit die Fernseher eines Millionenpublikums. »Wissen Sie noch früher, das war oft so lecker, da fragt man sich doch, wieso war das damals eigentlich so lecker? Oder bilde ich mir das ein? Sie haben die Gelegenheit, das selber zu Hause zu überprüfen, mit unserem Tagesangebot: Kochen wie bei Muttern! Gusseiserne Töpfe von Horst Gänsel! Das dreiteilige Set, echte deutsche Wertarbeit, nur 89,49 Euro! Ihr Preis!« Das Argument »echte deutsche Wertarbeit« richtete sich, wie ich nun wusste, an die Vertreter der »bürgerlichen Mitte« sowie der »Nostalgiker«. Kein »Modern Performer« kauft einen gusseisernen Topf, also braucht man ihn auch nicht anzusprechen. Auf dem Bildschirm erschien sekundenlang der Trailer des Tagesangebots: Stefan begrüßte überschwänglich den kleineren Gänsel, der, den Kopf in den Nacken gelegt, zu ihm hochlugte.

Die Töpfe sahen aus wie ein Abfallprodukt der Messerschmitt-Produktion 1945: Recycelte Heereshelme mit seitlichen Griffen, die Farben irgendwas zwischen Olivgrün, Pflaumenblau und Dunkelgrau. Gänsel pikste in ein Stück Fleisch, das in einer Art Kasserolle auf dem Herd vor sich hin schmurgelte: »Schau mal, wie da der Saft rausläuft!«, rief er. »So was kriegt man einfach mit den neumodischen Töpfen nicht so hin. Das Gusseiserne, das hat einen viel besseren Wärmespeicher. Schau mal, wie da der Saft rausläuft! Das ist echt toll«, Stefan spielte Begeisterung und wurde dann seinem Ruf gerecht. »Und wie ist das jetzt mit der Reinigung? Wenn mal was anbrennt? Können Sie das mal zeigen, hier, da in der Ecke, da ist doch so ein bisschen was angebrannt.«

Stille.

Stefan hatte zielgenau nach dem schwächsten Punkt des Produkts gefragt. Den er eigentlich unter den Tisch hätte fallen lassen sollen.

Wir vermuteten, dass Gänsel Stefan gleich in den Topf werfen würde, mit dem Messer reinpiken und rufen: »Schau mal, wie da der Saft rausläuft!« Wieso hatte Gänsel bloß im Vorfeld den Fehler gemacht, Stefan auf die schwierige Reinigung hinzuweisen? Ich vermutete, dass der Schlafmangel sein Opfer forderte.

Gänsel entschied sich für die Ablenkungsstrategie. »Reinigung, natürlich«, rief er, »natürlich kein Problem, bisschen einweichen lassen, nach dem Braten, zum Beispiel mit unserem Reiniger von Abrakadabra, kennen Sie, und dann später, da können Sie auch mit einem richtigen Kratzschwamm ran, das macht der Beschichtung nichts«, schwadronierte Gänsel, »den weichen wir später schön ein, und das ist dann ganz einfach!«

Heimlich trat Gänsel Stefan auf den Fuß. Hinter der Küchentheke sah man das ja nicht. Stefan trat heimlich zurück. »Dann können wir doch jetzt mal«, rief der Moderator. »Das Fleisch hier sieht doch fertig aus«, strahlte Stefan weiter, »da weichen wir die Kasserolle jetzt ein, und dann gucken wir gleich mal, in fünf Minuten oder so!« Gänsel lief rot an, beherrschte sich aber. »Gern, lieber Stefan«, rief er, »das Fleisch ist ja jetzt auch fertig, da müssen Sie aber mal probieren!« – »Mmmhh, lecker!«, rief Stefan.

Mir wurde schon beim Zusehen ein bisschen schlecht. Zufällig hatte ich vorhin in der Prep-Küche das Verfallsdatum des Rinderbratens gesehen, diese Kuh war kurz nach der Erfindung der gusseisernen Töpfe um 1945 herum gestorben. Gänsel schnitt eine dicke Scheibe Braten ab, legte sie appetitlich auf einen Teller, salzte etwas nach, streute noch ein wenig Petersilie drüber und reichte die Platte Stefan, der ohne zu zögern zugriff. »Mmmhhhhhh … lecker!«, sagte er, bevor sein Gesicht in zwei angewiderte Hälften zerfiel. Mit seiner für unsere Kunden unsichtbaren Linken gab Stefan wedelnd der Regie Zeichen.

Das Fernsehbild wechselte zum blubbernden Risotto mit dem sich auflösenden Crème-fraîche-Fleck. Stefan spuckte den Bissen leise in sein Taschentuch. Gänsels Gesichtsausdruck gemahnte an die böse Stiefmutter von Schneewittchen. Er schnibbelte ein paar Kräuter, schüttete sie in den Topf und rührte um: »Wunderbar – und dann dieses Risotto, ich habe hier einen schönen Klecks Crème fraîche«, er hob noch einen Löffel aus dem Töpfchen und fügte ihn zu, »so cremig, so weiß, wie eine Wolke.«

Stefan streckte abwehrend die Rechte aus, aber Gänsel gab kein Pardon: »Nur ein Löffelchen.« Stefan aß professionell den eigentlich ungenießbaren Inhalt des Löffelchens auf, rieb sich den flachen Bauch und rief ein ums andere Mal: »Lecker, lecker! Mit der 745 320 unser heutiges Tagesangebot: drei gusseiserne Töpfe –

das dreiteilige Set, echte deutsche Wertarbeit, nur 89,49 Euro! Das ist ein Wahnsinnspreis, nur heute dürfen wir Ihnen das anbieten, sichern Sie sich zu Hause dieses einmalige Angebot, das wir Ihnen so nie wieder anbieten dürfen! Dieser Preis kommt so nie wieder.«

Ein Zählwerk im Bild näherte sich der 1000er-Marke. »Die 1000. Bestellung! Wir danken Ihnen für Ihr Vertrauen!«, rief Stefan. »Hier, probieren Sie das mal!«, rief Gänsel und drängte dem Moderator einen weiteren Löffel aus dem dritten Topf auf: »Dieses Sößchen, das ist ein Sößchen, da träumen Sie von, herrlich, so was bekommt man nicht instant aus der Tüte, da muss man selber ran, die Zutaten sind natürlich geheim, lieber Stefan, vielleicht ahnen Sie ein bisschen, was ich da reintue, man bekommt ja hier viel mit«, er zwinkerte Stefan zu und strahlte mit überkronten Zähnen in die Kamera. »Sie, meine lieben Zuschauer, können meine Zutaten nachlesen, aber gerade für Sie, Stefan«, Gänsel drehte sich pfeilschnell zur Seite und pikste mit einem Finger in Stefans Richtung, »habe ich da noch ein kleines Geheimnis reingemischt, solch ein Sößchen mit diesem Profiwerkzeug – diesen wunderbaren gusseisernen Töpfen. Hier, probieren Sie mal, Stefan.«

»Die 1200. Bestellung«, blökte Stefan und wich Gänsels Löffel aus, »da machen Sie zu Hause alles richtig, liebe Zuschauer!« Er versuchte, den Löffel Soße, den Gänsel ihm aufdrängte, heimlich unterhalb der Theke zurück in den Topf zu kippen. »Ich bin so satt!«, rief Stefan. »Einen Löffel Sößchen noch«, rief Gänsel und drängte ihm die Brühe auf, »einen noch!« Stefan probierte. Gänsel lächelte.

»Was ist denn jetzt mit der Reinigung der Töpfe? Können wir da mal nachgucken, einen hatten wir doch vor fünf Minuten eingeweicht? Das geht doch so einfach, sagten Sie?!«, rief Stefan. Jetzt lächelte Stefan, und Gänsel wurde blass. »Kein Problem«, er wuchtete die eingeweichte Kasserolle aus dem Spülbecken, nahm sich einen Putzschwamm und fuhrwerkte wie ein Berserker auf der Emaille. Der schwarze krustige Fleck blieb. Der Bestellungen-Zähler auf der Grafik stoppte abrupt und wurde Sekunden später vom Producer ausgeblendet. Gänsel versuchte erfolglos, die angebrannten Stellen mit einer Hand zu verdecken: »Das ist gar kein Problem, sehen Sie, da muss man bisschen fester – oder einfach mal was länger einweichen lassen, aber das ist ja immer so … so kurz wie jetzt … hier, da ist ja keine Zeit … das geht doch gar nicht.«

Stefan langte nach der Kasserolle: »Zeigen Sie doch mal!« Gänsel hielt fest, einen Moment zogen Moderator und Topfexperte an je einem Griff, dann gaben beide nach. Die gusseiserne Bratenform schwebte Sekundenbruchteile in der Luft, bevor sie mit einem Donnerschlag zu Boden ging, hochhüpfte und final auf Stefans Fuß knallte. Der brüllte auf wie ein Auerochse in der Brunst, Gänsel guckte entsetzt. Die Regie entschied, das Tagesangebot live abzubrechen, was bei einem Teleshopping-Sender einem Sakrileg und einer mittleren Katastrophe gleichkommt. Ein vorproduziertes Werbefilmchen zeigte eine glückliche Familie rund um drei gusseiserne Töpfe auf dem Herd. Im Studio hüpfte Stefan auf einem Fuß an der Theke entlang, Gänsel bemühte sich um ein mitleidiges Gesicht, und Aufnahmeleiter Senol spurtete wieder einmal mit dem Verbandskasten Richtung Studioküche, eng gefolgt von einem Regisseur, der sich offenbar aus der oberen Etage in unsere Puppenstuben bequemt hatte, um Gänsel und Stefan eine Standpauke zu halten.

Ich marschierte voll mit neuem Tratsch zurück in unser Aufnahmeleiter-Eckchen. »Einfach geil«, eröffnete ich meine Tirade, »Stefan, dieser Idiot!« – »Pscht«, sagte Olivia warnend, »pscht.« Sie deutete wortlos auf unsere Ansteckmikrofone, ich hatte vergessen, meins abzulegen. Viel Klatsch verbreitet sich im Studio, weil wir die Mikros vergessen und uns über Sex oder Krankheiten, Verträge, Interna, Klatsch und Tratsch, Hochzeiten, Scheidungen, Betrugsfälle, Moderatoren, Einkäufer und deren Krankheiten, Schwangerschaften, Totgeburten, Schönheits-OPs, Weltfrieden, die jeweils abwesende Kollegin oder unsere Regel unterhalten. Also ein ganz normales Zehn-Minuten-Frauengespräch. Die Tontechniker freuen sich.

super angebot

SELBST IST DIE FRAU – WARUM GESICHTER BÜGELN EINFACHER IST, ALS DAS GROSSE TELE-SHOPPING-LOS ZU ZIEHEN

neu

Martina stöckelte um die Ecke und begann wie immer schon zu reden, bevor sie in Sichtweite kam, dies garantierte ihrem Auftritt ungeteilte Aufmerksamkeit. »Ich war letztens bei meinem schwulen Freund, der hat so ein neues Bügeleisen an mir ausprobiert, total toll, gegen Falten.« Und auf unser aller skeptischen Blick wegen ihres deutlich geröteten Gesichtes hin: »Normal ist der vorsichtiger, aber bei mir geht er immer ein bisschen härter ran.« – »Bügeleisen?«, fragte ich entgeistert. »Fürs Gesicht?« Martina fuhrwerkte ziellos mit ihrer Hand durch die Luft. »Na ja, so in der Art, da werden quasi die Collagen-oder-wie-die-heißen-Fasern verbrannt, und dadurch zieht sich der Rest dann so zusammen, und dann sind die Falten auch weg.« Sie drehte sich auf ihrem Stühlchen dem Spiegel zu und überschminkte die frischen Blutergüsse um ihre Augen.

»Bügeleisen fürs Gesicht?«, fragte Ingrid Böntgen skeptisch. Ingrid, eine chice Mittdreißigerin, war Wellnessexpertin. Sie gehörte zu den neuen ambitionierten Geschäftsfrauen, die offensichtlich die Altriege rund um Margit ersetzen sollten. Ingrid vertrieb Kosmetikprodukte, ionisierende Haarbürsten und eben auch ein Gerät, das mittels kleiner Stromschläge die Hautalterung aufhalten sollte. Also quasi ein Bügeleisen fürs Gesicht. Das von Martina erwähnte Produkt musste ihr sofort als Konkurrenz vor Augen schweben. Sie hob die Augenlider und fixierte Martina kritisch. »Mein Faltenbügeleisen funktioniert, und man sieht hinterher nicht aus wie ein Opfer häuslicher Gewalt. Weil wir nur mittels kleiner Stromschläge sozusagen die Zellerneuerung ankurbeln.« Martina winkte genervt ab. »Fakt ist«, erklärte sie schnippisch, »wenn die blauen Stellen hier abgeheilt sind, sind die Falten weg, das ist mal Fakt!«

Als Martina weg war und ich kurze Zeit später wieder die Gästelounge betrat, saß meine Kollegin Petra Berger am Schminktischchen mit dem Gesicht zum Spiegel an der Wand. In ihrem Rücken stand Ingrid Böntgen und fuhrwerkte mit irgendeiner Gerätschaft in Petras Gesicht herum. Zwischendurch hielten die beiden inne und starrten in den Spiegel, um kleine begeisterte Laute auszustoßen. »Was macht ihr denn da wieder Beklopptes?«, fragte ich, denn ich hatte keine Lust mehr höflich zu sein. »Das ist nicht bekloppt«, rief Petra Berger und drehte ihren blonden Pagenkopf bewundernd von links nach rechts, »das ist so toll, guck mal, Andrea, du hast doch auch immer so eine schlaffe, müde Haut.« Ich musterte sie schweigend, und sie entschuldigte sich rasch: »Na, jedenfalls hier die Ingrid, die hat so eine tolle Maschine, so'n Bügeleisen, guck doch mal, die hat mich gebügelt!« Sie zeigte aufgeregt wie ein kleines Kind auf ihre rechte Gesichtshälfte. »Ich seh nix.« – »Na, guck doch mal«, insistierte Petra Berger, »hier, die Ingrid, die verkauft so ein Gerät, wo man mit, na jedenfalls, da macht man Strom mit in die Haut!« – »Das schafft ein elektrischer Stuhl auch«, sagte ich. »Probier doch mal!«, sagte Ingrid. »Nein«, sagte ich, »ich will keinen Strom ins Gesicht.« – »Das tut doch aber gar nicht weh«, rief Petra Berger. »Ich will trotzdem nicht«, sagte ich.

»Guck, Andrea, das ist ein Reizstromgerät, ganz harmlos«, erklärte Ingrid. »Nicht so'n Ding, das Collagenfasern verbrennt wie von Martinas Freund. Mit meinem Gerät massierst du so zwanzig Minuten morgens und abends dein Gesicht, und durch den Strom werden die Zellen unheimlich erfrischt und regeneriert, und du wirkst viel faltenfreier und jünger, guck mal hier, bei der Petra.« Sie deutete auf Petra und fuhr ihr mit einem Gerät, das aussah wie ein kleiner Spielzeuglaster, auf der rechten Gesichtshälfte herum. »Guck mal, die Petra, die rechte Hälfte ist jetzt schon viel glatter und faltenfreier, nicht wahr, Petra?« – »Ja, das stimmt doch, oder?«, rief Petra Berger begeistert. »Guck doch mal.« – »Ich seh nix«, sagte ich. »Na hier«, insistierte Ingrid Böntgen, »guck mal, wenn die lacht, da geht jetzt rechts die Falte nur noch bis hier, ein Zentimeter, und da in der linken Gesichtshälfte ist die Falte viel länger!« – »Ich seh nix«, sagte ich aus Prinzip, allerdings sah ich wirklich nichts. »Dann guck jetzt mal«, rief Ingrid

Böntgen resolut, entfaltete ein Tempo-Taschentuch und legte es Petra Berger auf die rechte Gesichtshälfte, sodass sie aussah wie das Phantom der Oper. »Guck hier, links, krumpelig und faltig, und jetzt leg ich das Tempo mal auf die linke Gesichtshälfte, und jetzt guck mal rechts, wo wir gebügelt haben – schon viel glatter.« – »Also, ich sehe das«, rief Petra Berger begeistert und guckte mich mit einem Tempo-Taschentuch auf der linken Gesichtshälfte aus dem Spiegel an. »Die Ingrid hat mir das erklärt, das funktioniert mit so Ionen, die sich gegenseitig abstützen!«

»Und das läuft?«, fragte ich, um irgendwas zu sagen und nicht schreiend den Raum zu verlassen. »Wie geschnitten Brot«, jubilierte die Expertin, »im Vertrauen, ich überlege, selbst Lieferant zu werden.« – »Du weißt doch, HCS bezieht die Geräte über meinen Lübecker Produzenten zu einem kleinen Preis. Und macht Millionenumsätze damit, sage ich dir. Und ich krieg gerade mal 200 Euro die Schicht von HCS für die Präsentation. Und jetzt pass auf!« Sie setzte sich zu mir an den Tisch und erklärte mir ihren Plan, der nicht mehr und nicht weniger bedeutete, als bewusst mit dem Teleshopping-Feuer zu spielen.

»Der Mark Mendel, dieser kleine glatte sportliche Typ mit Halbglatze, kennste, aus dem Studio, der ist doch dauernd da und verkauft seine eigenen Produkte. Der macht Umsatz, und der behält den! Der hat auch ganz klein angefangen als Verkäufer – und jetzt: Wahnsinn! Der ist so dicke mit dem Einkauf, alles Mögliche beziehen die über den. Werkzeug, Luftbefeuchter, Gartenzwerge. Da kommt kaum noch ein anderer Anbieter zwischen. Da wird ja auch so einiges gemunkelt über dem seine Kontakte«, radebrechte Ingrid Böntgen, »der weiß immer genau, was die Konkurrenz bietet, und dann ist der immer ein bisschen billiger, ein bisschen schneller!«

»Also wenn's gut läuft, mach ich die Geschäfte selbst. Genau wie der Mendel. Ich hab da so einen Chinesen kennengelernt, die schicken mir jetzt Muster, mit der Bank hab ich auch gesprochen, und nächste Woche hab ich Termin mit dem Einkauf. Die schätzen Leute mit Initiative, haben sie gesagt.« – »Sei vorsichtig«, sagte ich, »wenn du auf dem Zeug hocken bleibst, brauchst du viel Lagerfläche, und die ist teuer. Und du brauchst einen Plan B.«

»Ach was«, sagte Ingrid Böntgen, »ich krieg Superstunden, wo die Kunden zu Hause sind, richtige Primetime-Stunden, Wochenende und so, und ich mach einen Super-Vertrag wegen den Retouren und das alles, da bin ich ja nicht blöd.« – »Sei vorsichtig«, sagte ich, »das ist ein multinationaler Konzern. Mit einem Heer von Rechtsanwälten. Womit willst du deinen Vertrag gegebenenfalls einklagen – mit einer Privat-Rechtsschutz?« – »Du gönnst es mir wohl nicht«, sagte Ingrid Böntgen vorwurfsvoll. »Schon gut«, ich winkte ab.

Ingrid war dabei, in einen ganz entscheidenden Teil des Teleshopping-Universums einzugreifen. Normalerweise ist es so, dass wir Experten unsere Produkte entweder vom Sender zugewiesen bekommen oder über den Produzenten bezahlt werden. Wie hätte ich sonst auf die Idee kommen sollen, Bademäntel zu verkaufen, bei denen das Wort Geschmacksverirrung eine sehr freundliche Umschreibung für die Optik war. Wir kommen also meist erst ins Spiel, wenn die Ware bereits vor Ort ist. Unser Geschäftsrisiko, wenn die Ware nicht läuft, besteht somit einzig darin, als Experte nicht mehr gefragt zu sein. Das Einkaufsrisiko liegt beim Sender.

Bei Mark Mendel und anderen Lieferanten lag die Sache anders. Sie stellten selbst die Waren und wickelten das Geschäft direkt mit HCS ab. So waren, wenn es gut lief, fantastische Gewinnspannen zu erzielen. Auf diese Gewinnmargen war Ingrid Böntgen scharf. Ohne sich die Risiken auch nur ansatzweise klarzumachen, wie sich schon bald zeigen sollte.

Wenige Wochen später, Raucherpause, ich hatte mir Ingrid gegriffen, weil ich neugierig war, was ihre großen HCS-Star-Verkäuferinnen-Pläne so machten. Wir gingen auf den Innenhof hinter dem Studio. Plötzlich stockte Ingrid im Schritt. Mark Mendel, klein, rundlich, mit beginnendem Hubschrauberlandeplatz auf dem Hinterkopf und stets grauenhaft blendend gelaunt, stand vor dem Rauchercontainer und blies versonnen den Qualm einer Zigarette gen Himmel. Als er uns sah, leuchteten seine Augen auf. Mit mir hatte das allerdings nichts zu tun. »Ingrid«, begrüßte er überschwänglich die Schwachstromexpertin, um dann nach einem raschen Seitenblick zu mir mit gedämpfter Stimme fortzufahren: »Und bist du zu einer Entscheidung gekommen?« – »Ähm, noch nicht hundert Prozent«, antwortete Ingrid und guckte auf den Boden. Ich spürte sofort, dass sie log. Lügen gehört zu unserem Berufsbild. »Nun«, sagte Mark Mendel freundlich wie eine Raubkatze, die um eine angeschlagene Beute strich, »du weißt, Ingrid, die Zeit läuft. Ich will ja nicht drängeln, muss aber doch bald wissen, ob du noch dazugehören willst.« Er schnippte seine Zigarette fort. »Manchmal muss man eben ein kleines Opfer bringen, nicht wahr.« Er lächelte, strich sich kurz über das verbliebene Haupthaar und verschwand durch die Nebenpforte, die ins Studiogebäude führte. Ingrid sah ihm mit einem schwer zu deutenden Gesichtsausdruck hinterher.

»Was war das denn?«, fragte ich, »hast du dem deine Seele verkauft oder was?« – »Nein, aber ich stand kurz davor«, flüsterte Ingrid und musterte mich besorgt. »Hör zu, ich erzähle es dir jetzt, aber du musst mir schwören, es für dich zu behalten, okay?« Ich schwor, weil ich vor Neugierde platzte. »Folgendes: Ist dir schon mal aufgefallen, wie viele Produkte der Mark Mendel hier mittlerweile verkauft? Fast jeden Plastikkram, den vorher ein anderer Lieferant gemacht hat. Und wieso?« Ich zuckte mit den Schultern. »Na, er besorgt sich die Produkte, lässt sie billig in China nachbauen und bietet sie HCS zu einem möglichst niedrigen Preis an. Dazu übernimmt er noch Logistik und Verpackungsservice. Was HCS zum Beispiel bei meinem kleinen Lübecker Produzenten selbst organisieren musste!« Langsam dämmerte mir die Erkenntnis. »Mark Mendel will deinen Lübecker Lieferanten ausbooten?« Ingrid nickte. »Du bist, wenn du Pech hast, arbeitslos, weil Mendel deine Produkte nachbauen und an HCS verkloppen will. Und sie entweder selbst vertritt oder bestimmt, wer seine Sachen verkaufen darf, also eventuell du?« Ingrid nickte wieder unglücklich.

Klar, es hatte Gründe, dass Mendel Ingrid als Verkäuferin behalten wollte. Zum einen hatte auch Mendel unter der harten Verkäuferschale noch so was wie Herz und soziales Gewissen, wenn auch in rudimentärer Ausführung. Zum anderen würde er mit Ingrid, als anerkannter Wellnessexpertin, das Vertrauen der Käufer nutzen. Kein Zuschauer würde wissen, dass hinter den Kulissen, statt eines kleinen Lübecker Produzenten, nun Mendel das Zeug besorgte. Und es würde auch niemanden interessieren. Für den Sender wäre es ebenfalls ein guter Deal, Mendel wäre billiger und würde darüber hinaus auch noch Ingrid bezahlen, also wieder ein Risiko weniger für den Sender.

Ich ließ mir Mendels Worte durch den Kopf gehen: »Du weißt, Ingrid, die Zeit läuft. Ich muss bald wissen, ob du noch dazugehören willst.« – »Okay. Er hat dir angeboten, für ihn zu arbeiten. Für weniger Geld natürlich, als du über deinen alten Lieferanten verdient hast. Das ist dein ›Opfer‹. Und er hat vermutlich gesagt: ›Take it or leave it.‹«

»Genau«, sagte Ingrid. »Und was Mendel zahlt, reicht nicht. Ich bin alleinerziehend. Kein Unterhalt, kein Vater Staat.«

»Das gibt's doch nicht«, sagte ich und überlegte, wie viele Produkte Mendel tatsächlich über HCS vertrieb, vom Werkzeug über Gartengerät, von grüßenden Gartenzwergen über Brandschutzanlagen, von Kosmetikprodukten bis Kühlschrank-Luftbefeuchtern. »Merkwürdig. Normalerweise darf jeder Verkäufer nur eine Produktlinie repräsentieren, um glaubwürdig zu bleiben. Mendel macht alles. Wieso gesteht der Sender dem Mann so viel Einfluss zu?« Ingrid zuckte mit den Achseln. »Er kann gut mit einer Einkäuferin. Wenn fremde Lieferanten anrufen und Ware anbieten, heißt es: ›Gehen Sie über Mendel.‹ Haben mir mehrere Lieferanten selbst erzählt. Mendel macht nicht nur als eigener Produzent, sondern auch noch mit diesen Lieferanten Geschäfte und verdient als Zwischenhändler mit. Eine Geldmaschine.« Ich machte das gängige Zeichen mit Daumen und Zeigefinger. »Meinst du, da fließt Bakschisch zwischen Mendel und dem Einkauf?« – »Ausschließen kann man es nicht«, antwortete Ingrid lakonisch, »und ebenso wenig beweisen.« Ich nickte wieder, bevor mir endlich die alles entscheidende Frage einfiel: »Machst du es? Wirst du für ihn arbeiten?« – »Nein!«, sagte Ingrid selbstzufrieden, erhob sich und straffte die Schultern. Sie hob zornig den Arm: »Die Schwachstrom-Bügeleisen fürs Gesicht und die ionisierenden Haarbürsten bleiben meins! Ich hab Mendel ausgebootet. Er weiß es noch nicht. Gott sei Dank habe ich einen befreundeten Einkäufer in der Abteilung, sonst hätte es nicht geklappt. Ich habe erfahren, was Mendel für einen Stückpreis aufruft, und ich liege mit meinem China-Produzenten knapp drunter. Da konnte Mendels Einkäuferin Mendel nicht mehr bevorzugen, das wäre zu offensichtlich gewesen. Mendel ist raus aus dem Schwachstromgeschäft!«, rief sie triumphierend. »Den anderen Sch… von mir soll er mir wegnehmen, ich kann es nicht ändern. Aber nicht das Bügeleisen und die ionisierenden Haarbürsten!« Ingrid ließ sich wieder auf das Bänkchen fallen und senkte verschwörerisch die Stimme: »Die Verträge sind geschlossen, in China produzieren sie schon wie blöd, die Container schwimmen schon nächste Woche auf See, und in der Programmplanung fürs nächste Quartal hab ich Superstunden! Primetime! Siebzehn bis neunzehn Uhr, also nach der Arbeit, vor der Tagesschau und dem Film, und morgens von zehn bis zwölf, da hab ich die ganzen Rentnerinnen und Hartz-IV-Empfänger mit Schwarzgeld, herrlich! Du wirst sehen, bald kann ich dich einstellen, Andrea!« Ich muss wohl etwas skeptisch geguckt haben, denn sie wiederholte: »Es wird super. Ich werde endlich unabhängig sein, nicht mehr aufs Fax glotzen, ob ich die Miete zahlen kann, ob mein Kind die Klassenfahrt mitmachen darf, ob ich neue Stunden habe, ob ich noch gewünscht bin oder durch eine jüngere, größere, blödere oder eine mit Schlupflidern ersetzt werde – herrlich.«

Alles schien gut. Ingrid hatte Mendels Geschäftsprinzip durchschaut, der rücksichtslos Konkurrenten ausbootete und von HCS nicht gestoppt wurde. Doch das Rad, das Ingrid Böntgen drehen wollte, war groß. Sehr groß. Zu groß, wie sich bald herausstellen sollte.

Wieder einige Zeit später: Während einer seiner Verkaufsshows starrte Ingrid auf den erfolgreichen Mark Mendel wie auf den Teufel persönlich. »Was ist«, sagte ich und lehnte mich an die Studiowand in der Hoffnung, dass die nicht aus Pappe war, »willste auch so einen Gartenzwerg?« – »Nein, ich mach mir Sorgen«, stöhnte Ingrid leise, »die Container hängen fest. Irgendwo am Zoll in Hinter-Pusemuckel, das bedeutet, dass das Schiff vermutlich den Löschtermin in Rotterdam nicht halten kann. Das reiht sich dann irgendwo in eine Schlange ein und muss warten, bis es einen neuen Termin zum Entladen gibt. Und das bedeutet, dass ich zu den tollen Stunden, die ich bekommen hab, eventuell gar nicht liefern kann. Die Ware muss ja auch noch durch die interne Testabteilung des Senders, konfektioniert werden usw., da hängt so viel dran.« Sie fuhr sich mit den Händen durch das dunkle Haar und verbarg das Gesicht zwischen den Fingern. »Ich hab heute mal vorgefühlt, der Einkauf hat gesagt, das wäre nicht sein Problem, wenn das mit mir von Anfang an schiefgeht, hätte ich schlechte Karten. Sie geben mir natürlich Ersatzstunden, aber nicht so gute, nicht Primetime, eher morgens um fünf und mittags um zwei, da läuft doch nichts!«, wandte sie sich verzweifelt an mich. Ich nickte. »Ja, aber hast du denn nichts mit denen ausgemacht, falls die Ware zu spät kommt oder du drauf sitzen bleibst?« – »Doch, klar gibt es Absprachen, aber setz die mal durch gegen einen multinationalen Konzern mit einem Heer von Anwälten. Mein Anwalt hat mir vom Klageweg jetzt schon abgeraten, nicht dass ich ihn beschreiten will, vielleicht läuft ja auch alles super, aber wenn nicht«, ihr dünnes Stimmchen verlor sich irgendwo zwischen den Pappmascheewänden unseres Potemkinschen Dorfes, die mir auf einmal erschienen wie ein Sinnbild falscher Versprechungen. »Was machst du denn, wenn alles schiefgehen sollte, also nur falls«, fügte ich rasch hinzu, als ich ihren Gesichtsausdruck sah, der zwischen Verzweiflung und nahendem Tränenausbruch changierte. »Weiß nicht«, flüsterte Ingrid und guckte wieder zu Mark Mendel, der gerade den 5000. Gartenzwerg in dieser Sendung verkauft hatte, »vielleicht Lagerfläche mieten, die Dinger den Supermarktketten anbieten, der sogenannte zweite Markt, ich weiß noch nicht.« Sie deutete mit einem Finger auf Mark. »Ich wette, meine neuen Stunden habe ich seinem Einfluss in der Einkaufsabteilung zu verdanken. Seine Einkäuferin hat sich durchgesetzt. Die will mich doch gar nicht haben, die musste doch nur mit mir arbeiten. Das hab ich jetzt davon«, flüsterte sie resigniert.

»Hee«, sagte ich, »bleib ruhig, noch sind die Waren ja nicht mal da. Mach noch mal Druck wegen besserer umsatzträchtiger Ersatzstunden, hol dir einen persönlichen Termin bei der Einkäuferin, schenk ihr eins von deinen Bügeleisen und eine Haarbürste, was weiß ich.«

Wenig später war klar, dass meine Beruhigungsversuche nichts genutzt hatten.

Ingrid schien am Ende. »Wenn es weiter so schiefläuft, bin ich bald pleite. Die Ware ist nicht rechtzeitig auf Lager, um zu den vereinbarten Stunden on air zu gehen, nicht zu schaffen mit Qualitätskontrolle und Konfektionierung. Die Container hingen einfach zu lange im Hafen fest. Und HCS weigert sich, mir genauso gute

Stunden einen Monat später zu geben.« Ich nickte, zu sagen gab's da nix.

»Ich bekomme weniger und schlechtere Stunden. Die Ware muss so lange zwischengelagert werden, bis die Proben durch die Qualitätskontrolle sind. Ich habe aber kein Lager. Ich sitze auf drei Containern voll Schwachstrom-Bügeleisen fürs Gesicht, mein ganzes Geld ist da drin und die Kredite, und ich weiß nicht, was ich machen soll. Und dann muss der ganze Mist ja auch noch verpackt werden. Drei Container!« Sie begann zu weinen, still und leise rannen ihr die Tränen über das Gesicht, was ich bei dem ganzen theatralischen Geschwätz, das mich Tag für Tag umgab, als umso schlimmer empfand. Ich nahm sie in den Arm und ließ sie weinen. »Gemeinsam im Team leisten wir Großes«, sagte ich, um sie ein wenig aufzuheitern, als der erste Tränenfluss versiegt war. »Einen Haufen Mist vielleicht«, sagte Ingrid.

Ingrid hatte sich verkalkuliert und musste jetzt die Konsequenzen tragen. Eines Tages sah ich sie mit Mark Mendel in der Gästelounge zusammensitzen. Mendel lehnte mit verschränkten Armen und Beinen auf dem Schminktisch und wandte den Spiegeln den Rücken zu, Ingrid Böntgen saß wie ein Häufchen Elend auf einem der Schemel, schon optisch in der Hierarchie einen deutlichen Meter unterhalb von Mendel.

»Überleg's dir halt, Ingrid«, sagte Mendel gönnerhaft und kontrollierte seine manikürten Fingernägel, »ich weiß, der Preis ist nicht top, aber ich muss ja auch was davon haben, dass ich das Risiko für dich trage. Und besser, als wenn du auf deinen Faltenbügeleisen sitzen bleibst.« Er grüßte mich kurz und verließ den Raum. Ich sah Ingrid fragend an. »Was bleibt mir denn übrig«, sagte sie. »Mark nimmt mir die Produkte ab. Zu einem guten Preis natürlich. Für ihn gut. Er hat einfach den längeren Atem. Und ich bleib nicht auf dem Zeug hocken. Er wird die Gesichtsbügeleisen dann so peu à peu verkaufen, in den Stunden, die er als Lieferant ja ohnehin hat. Da wird der sich mit Planing und dem Einkauf schon einig. Der hat da ja ein anderes Gewicht. Und ich kann sogar für ihn arbeiten und werde nicht gleichzeitig verschuldet und arbeitslos.«

»Aber du wolltest doch ganz groß als Lieferantin rauskommen«, sagte ich hilflos. Ingrid zuckte mit den Schultern. »Ich hab keine Lager. Ich hab keine Luft, finanziell. Ich krieg die guten Stunden nicht mehr von HCS, weil die Container im Hafen zu spät gelöscht werden. Und jetzt versuch mal, die Chinesen zu verklagen über internationales Recht. Vergiss es. Der Einkauf hat ganz klar signalisiert: ›Gehen Sie über Mendel, wenn Sie nicht untergehen wollen.‹ Und das mach ich jetzt.«

Die Geschichte der Ingrid Böntgen ist nicht ganz repräsentativ. Aber sie zeigt symptomatisch die Machtverhältnisse im Sender und die Risiken, an denen manch kleiner Lieferant sich schon gewaltig verhoben hat. Wer mit solchen Margen, Umsätzen und Stückzahlen jonglieren will, braucht einen langen Atem und Durchsetzungsfähigkeit. Die Strukturen, die der Sender nicht nur prägt, sondern denen er auch selbst unterworfen ist, sind die eines harten globalen Wettkampfes. Jeder, der in diesem Wettkampf gewinnen will, muss wissen, dass die Regeln nicht fair sind. Und dass man sie auch nicht mal eben mit einer spontanen Idee verändern kann.

»What a good idea!« – Gaststars aus dem gelobten Teleshopping-Land

Ein wenig Glamour kann auch HCS nicht schaden, und dabei allein auf Tillmann D. zu hoffen, scheint der Geschäftsleitung nicht zu genügen. Aus diesem Grund werden bisweilen amerikanische oder auch mal chinesische Experten eingeflogen, um uns den Anstrich internationalen Flairs und exotischer Produktvielfalt zu geben. Doch es reicht natürlich nicht, einfach nur einen Amerikaner präsentieren zu können, sondern es muss auch noch ein außergewöhnlicher Amerikaner sein. So einer wie Hugh Cortalez.

Hugh sah aus, wie man sich einen Indianer im schlimmsten Klischee vorstellt. Vielleicht war er ja auch einer. Ich traf Hugh, als ich nach einem Sell wieder in die Gästelounge wankte und mich dort eigentlich in Ruhe hinsetzen wollte. Was nicht ging. Weil der Indianer alles mit seinen Squaws belegt hatte.

Die Weiber sahen alle aus wie aus dem Film »Verrückt nach Mary«, nachdem Mary sich versehentlich Sperma ins Haar geschmiert hatte. Ihre Langhaarfrisuren hatte jemand auf nudelholzdicke Wickler aufgedreht und anschließend offensichtlich in Haarspray eingelegt, im Endergebnis sahen sie aus wie »Reisegruppe Achtzigerjahre«. Na, vielleicht standen unsere Hausfrauen ja drauf. »Hello dear!«, schrie Hugh mich an, er schien schon mal für die Sendung zu proben. Aus einem mir nicht bekannten Grund, schreien amerikanische Teleshopper immer ihre Kunden an. Hugh machte eine ausladende Handbewegung, die das Oval des Tisches, die Stühle, die darauf sitzenden Models mit den aufgedrehten Haaren und die jämmerlichen abgenutzten Couchen umschloss, die irgendein Marketingfreak hochtrabend »Gästelounge« getauft hatte: »Do you mind we're here, there is no fuckin' place to sit down in this ›Model-Lounge‹, except the place in front of the mirrors ...«, erklärte er mir, warum ich mich unmöglich in den Nebenraum verkrümeln konnte. Ich versuchte, nicht beleidigt zu gucken. »No, no, it's okay«, schrie ich zurück. »Wonderful, this is wonderful, you're amazing, do you like some Hair-Conditioner«, schrie mich Hugh Cortalez an und drückte mir eine Flasche Irgendwas in die Hand. Am liebsten hätte ich ihm als Gegengeschenk eine Flasche Feuerwasser gegeben, damit er verschwand und ich seine Jagdgründe okkupieren könnte, aber wer legt sich schon mit einem Haarspraybewaffneten zwei Meter großen Indianer und einer Schar Squaws mit Haaren aus Stahl an. Außerdem kam jetzt auch noch Moderatorin Clarissa in unsere gemütliche überfüllte Gästelounge und begrüßte Cortalez mit einem überdeutlichen: »Hello, how are you?« – »Fine«, brüllte der Indianer, »did you learn englisch, dear?« –

»Yes«, lächelte Clarissa, die bekannt für ihr grottenschlechtes Englisch war, »I went to a teacher to verbesser my england.« – »Amazing«, brüllte der Indianer, und die Squaws kicherten leise.

Eine halbe Stunde später brach mein kleiner hochtoupierter Stamm der Teleshopping-Apachen endlich seine Zelte in der Gästelounge ab und begab sich auf den Kriegspfad ins Studio, um von dort aus unzählige Fernsehzuschauer mit Gebrüll und Haarspray zu martern. Ich machte es mir auf einem der endlich freien Stühle gemütlich, legte die Füße auf den Tisch und kickte einen einsamen Lockenwickler beiseite. Auf dem Fernseher in der Ecke wechselte das Bild zu einem Friseursalon, den die Crew von Sets and Props, unseren Deko-Spezialisten und Studiobauern, in das Beauty-Set genagelt hatte. Hugh Cortalez schien meterhoch regelrecht aus dem Bild zu wachsen. Vor ihm auf einem Frisierstuhl hockte ein Haare-Model mit eingezogenen Schultern und unglücklichem Gesicht, wie ein kleiner nasser Hund in der Tierversuchsanstalt. An der Ärmsten sollte offenbar die Wirkung des Haarsprays gezeigt werden. Die linke Hälfte ihres langen brünetten Haares war bereits senkrecht in die Höhe toupiert und mit Kleber fixiert, die andere Hälfte hing ihr noch glatt bis auf die Schulter. Wie eingangs erwähnt: Zu den Besonderheiten amerikanischer Teleshopping-Profis gehört neben der Starfixiertheit und großem Getue beständiges Rumgeschreie. Noch wenn sie ein Brotmesser verkaufen, ist das mindestens »oh my God«, »amazing«, »wonderful«, und die Tatsache, dass man damit Butter verteilen kann, ist »unbelievable«, »great« und »have you seen that??!« Und das Ganze in der Lautstärke eines startenden Düsenjets. Hugh Cortalez, der amerikanische Starfriseur, bildete da keine Ausnahme, und die Tatsache, dass er von einem stotternden Ein-Euro-Anglistik-Studenten live synchronisiert wurde, machte es nicht besser. »Look at this!«, rief Hugh Cortalez aus meinem Fernseher und schubste das Haare-Model, sodass es in dem Frisierstuhl nach vorne kippte. »Look at this!« – »Äh, guck mal das«, synchronisierte der unsichtbare Student aus dem Off. »Look at this!«, schrie Hugh Cortalez, »you wave your hair over your shoulder, long, long, long ...« – »Äh«, synchronisierte der unsichtbare Student, »schmeiß dein Haar lang über die Schulter, lang, lang, lang« – »and then – look at this – this is unbelievable – now you take my Spray ›First choice‹ and my Brush ›Amazing Grace‹ and you tease your hair softly just smoooooth here at the hairline and you spray – and you spray – and you spray – and you spray – and you spray – and you spray ...« Hugh Cortalez war jetzt nur noch schemenhaft auszumachen. »And look how wonderful, incredible, this is amazing, wow wow wow!« – »Äh«, der unsichtbare Student bellte wie ein verzweifelter Hund, »Wau-wau-wau!«

Aus den Nebeln kristallisierte sich das kleine Tierversuchs-Haare-Model heraus. Es sah jetzt aus wie ein explodierter Wellensittich. Hugh Cortalez griff sich eine Bürste und einen Fön und tanzte in der Art seiner vermeintlichen Vorfahren rund um den Frisierstuhl, um die fedrig abstehende Substanz in Farah-Facettdrei-Engel-für-Charlie-Wellen zu legen, wobei er völlig unmotiviert mal »Wow«, mal »Wonderful« schrie, dabei aber nie den Lärmpegel eines Diskothekenbesuchs unterschritt. Vor meinen Augen verwandelten sich die »Verrückt-nach-Mary«-Frisuren-Squaws nunmehr in eine Reisegruppe der Siebzigerjahre, mit Seitenscheiteln, großen Locken und Miniplies, während der Reiseleiter, ein zwei Meter großer Indianer, offensichtlich auf einem Mescalintrip der Blumenkinder hängen geblieben war. Dazu dann noch eine Geisterstimme aus den Lautsprechern, die mit schlecht geheuchelter Begeisterung rief: »Das ist wunderbar. – Das sieht toll aus. Hitzeschutz aus Teflon. Wau. Wau. Wau.« – »Fluffa-Fluffa-Fluffa«, schrie der Indianer, was auch immer das bedeuten sollte. Er griff mit klodeckelgroßen Händen in die Mähne seiner dümmlich grinsenden Models und warf ihre fluffigen Haare, die sich allmählich elektrisch aufluden und nach allen Seiten abstanden, in die Luft. »Ähm. Fluffa-Fluffa-Fluffa«, übersetzte der vollkommen überforderte Student.

Schließlich: Ein Anruf live on air. Hugh Cortalez bekam die Fragen simultan aufs Ohr übersetzt, aber entweder war der Student ein schlechter Übersetzer oder Cortalez war wie so viele Schreihälse schwerhörig, im Wesentlichen beschränkten sich seine Antworten auf »Such a good idea« und »Oh – what a good idea?« Die Anruferin erklärte für alle gut hörbar: »Ich hab schon letztes Mal, als Sie da waren, Herr Corta… na ja … ich hab schon letztes Mal zehn Flaschen von Ihrem Haarspray da gekauft, und den Conditioner da und all das!« – »Such a good idea«, schrie Hugh Cortalez, und der Student übersetzte. »Für meine Mutti«, sagte die Anruferin aus Dessau, »hab ich auch das Haarspray gekauft und den Conditioner und hier Ihr Shampoo … alles.« – »Such a good idea«, brüllte Cortalez. »Aber das hat sich nicht gelohnt«, sagte die Anruferin mit trauriger Stimme, »die Mutti ist vom Bus überfahren worden!« – »Such a good idea«, rief Hugh Cortalez und wandte sich wieder seinem Model zu.

Diese Auftritte machten uns immer ein wenig fassungslos. Gleichzeitig waren wir aber auch glücklich darüber, zumindest unsere Stimmbänder schonen zu können.

sale

WARUM DER ZUSCHAUER BEI UNS BLEIBT – VERKAUFEN ÜBERN GARTENZAUN

super angebot

Hugh Cortalez war, wie gesagt, eine Ausnahme, zuständig für den Anschein der Internationalität bei HCS. Bei uns verkaufte man auf andere Art und Weise. Nicht unbedingt weniger blöd. Aber doch subtiler. Und verkaufen war immer noch das, um was es letzten Endes ging. Vor dem Teleshopping der Kunden kam das Teleselling durch uns Experten. Und Experten müssen wir nicht nur im Hinblick auf unsere Produkte sein, sondern auch hinsichtlich der Frage, wie wir den unterhaltungssüchtigen Zuschauer vor der Mattscheibe fesseln. Um diese Frage zu beantworten, müssen wir neben der Kenntnis der Zielgruppen-Cluster noch mehr wissen.

Denn: Die Zuschauer wollen ja unterhalten werden. Nur die wenigsten schalten ein mit dem klaren Vorsatz: »Ach, heute gönne ich mir aber mal was, zum Beispiel ein kitschiges Teeservice oder eine krokodilförmige Lampe mit Birne im Schwanz« (ja, auch das gibt es …). Nein, unsere Zuschauer, bis auf einige sehr einsame oder sehr konsumorientierte Menschen, zappen so rum und landen auf unserem Fernsehkanal. Und nun gilt es, sie in Sekundenschnelle zu halten – am besten mit einer spannenden Produktdemonstration, die wir bestenfalls dreimal hintereinander als sogenannten »Cycle Verkauf« zeigen, um jeden Zapper einzufangen. In jedem dieser Cycles schaffen wir Bilder als Beweise unserer Argumente: wie praktisch, kleidsam, unbedingt notwendig, allein selig machend, gemütlich, Neid erregend, gesund oder sicher ein Produkt ist.

Dabei unterscheidet sich deutsches Teleshopping in der Kundenansprache deutlich von seinem amerikanischen Pendant. In Amerika wird überwiegend rumgeschrien, wie es Hugh Cortalez als Gaststar dann auch bei uns vorführen darf. Zwar stehen auch dort in der Regel Experte und Moderator zu zweit vor der Kamera, doch oft scheinen beide hauptsächlich die Aufgabe zu haben, den Zuschauer in direkter Ansprache möglichst lautstark vom Produkt zu überzeugen. Wer jemals eine solche Sendung gesehen hat, am besten noch mit deutscher Simultanübersetzung, weiß, dass es kaum etwas Dadaistischeres im Fernsehen geben kann.

Auch hierzulande gibt es Teleshopping-Sender, die noch nicht verstanden haben, dass der deutsche Durchschnittsbürger sich ungern zeitgleich von zwei Personen anbrüllen lässt, die sich am besten noch gegenseitig ins Wort fallen.

Bei unserem Sender gilt: Je spannender, außergewöhnlicher, überzeugender oder einfach wunderschön gestaltet die Bilder sind, die wir erschaffen, umso eher nehmen wir die Zuschauer gefangen. Mit einer guten Demo steht und fällt der als Umsatz messbare Erfolg unseres Produktes. Deshalb bewegen wir uns manchmal am Rande des Irrsinns. Eine gute Demo ist wie ein guter Film oder ein gutes Theaterstück: Schon der erste Satz, die ersten Bilder müssen neugierig machen, gefangen nehmen.

Außerdem arbeiten wir mit verteilten Rollen. Im Regelfall sind unsere Moderatoren für die erste Platzierung des Produktes zuständig. Der Moderator sagt, worum es geht und gibt im Idealfall das Wort an den Experten ab, der neben ihm steht und – so lange der Moderator redet – doof in die Kamera lächelt oder unmotiviert an seinem Produkt rumfummelt (Kühlschranktür auf- und zuklappt, Gemüse schnetzelt, Reißverschlüsse zieht, Bettdecken auf- und zuschlägt, Dreck auf dem Boden verteilt). Bei der ersten Gelegenheit (der Moderator hält einen Moment die Klappe, weil er sich schnäuzen muss) demonstriert und erklärt der Experte sein Produkt. Natürlich schaut er dabei auch mal in die Kamera, da begeisterte Augen und ein Lächeln besser verkaufen als ein ständiges Profilbild, grundsätzlich wendet sich der Experte aber an den Moderator. Der Moderator spielt erstaunt und begeistert mit und gibt manchmal auch den Anwalt des Teufels, stellt Fragen, gibt sich skeptisch.

Der Experte überzeugt also den Moderator stellvertretend für den Zuschauer. Nur der Moderator spricht den Zuschauer direkt an. Dieses Prinzip wird gebrochen, wenn sich der Zuschauer mit einer Frage direkt an den Experten wendet oder der Experte ein Idiot ist, der das Prinzip nicht kapiert. Die Idee dahinter nennt sich »Backyard-Selling« und ist eben gerade der entscheidende Unterschied zur amerikanischen Doppel-Schrei-Variante. Es ist ein indirektes Verkaufen, durch das der Zuschauer das Gefühl bekommen soll, keiner der beiden Gestalten da im Fernsehen wolle ihm etwas aufschwatzen, denn sie unterhalten sich ja nur miteinander. Das funktioniert in der Regel hervorragend.

Backyard bedeutet im amerikanischen Englisch so viel wie »Garten«. Stellen Sie sich vor, der Moderator wäre Ihr Nachbar und damit Vertrauensperson und Ansprechpartner. Ich, die Expertin, verkaufe Ihrem skeptischen Nachbarn (dem Moderator) ein Produkt. Sie stehen quasi hinter dem Gartenzaun, hören zu und wägen die Argumente ab. Der Moderator (Ihr Nachbar) spricht Sie als Vertrauensperson dann und wann an und gibt Hintergrundinformationen zu dem tollen Produkt, von dem er sich gerade – stellvertretend für Sie – überzeugen lässt.

Aber jetzt kommt die Crux: Stellen Sie sich vor, Sie haben für solche Überzeugungsarbeit nur wenige Minuten Zeit. Im Schnitt acht bis neun. In diesen neun Minuten sollen Sie aber möglichst drei »Cycles« schaffen, also drei Wiederholungen. Pro Wiederholung müssen Sie mit Ihrem Produkt rumwurschteln (Haare eindrehen, einen Salat anrichten, die Welt retten), rhetorisch eloquent drei Hauptargumente anbringen (die »Top Selling Features«), das schlagkräftigste Argument am Schluss platzieren (das »Unique Selling Feature«) und möglichst zeitgleich mit einem Aha-Effekt bei Ihrer Produktdemo aufwarten. Dazu wird verlangt, die notorisch überforderten Moderatoren zu bauchpinseln, gut auszusehen, auf doofe Zuschauerfragen angemessen zu reagieren und die Vorschau auf kommende Produkte lächelnd zu überstehen, eine Vorschau, die Ihnen Ihre knappe Zeit stiehlt, und bei der die Senderegie Ihnen entweder einen Film oder, schlimmer noch, einen zweiten Moderator mit gusseisernem Kochtopf aufs Auge drückt. Und lächeln, lächeln, lächeln. Trotz eklatanten Schlafmangels und Umsatzvorgaben, die sich, wie bereits erwähnt, betrunkene Studiobosse beim Würfeln ausgedacht haben müssen.

Glauben Sie mir, die Experten, die Sie über einen längeren Zeitraum sehen und als sympathisch, glaubwürdig und interessant empfinden, machen einen richtig guten Job. Und wenn Sie das alles hier aufmerksam gelesen haben, alles beherzigen und fleißig üben, könnten Sie selbst mal ein guter Teleshopper werden.

Wie eine eigentlich doofe und doch trotzdem unglaublich erfolgreiche Produktdemo aussehen kann, führte uns eine Expertin für Insektenvernichtungsmittel eines Tages vor. Birgit und ich saßen auf der Aufnahmeleiter-Couch und sahen gebannt zu. Es war doof, doch wir blieben hängen. Fehlte nur noch, dass wir zum Telefon gegriffen hätten, um zu bestellen.

Auf dem Bildschirm nebelte soeben besagte Expertin mit einem Insektenvernichtungsmittel namens »Anti-Paras« eine aus Playmobil und Lego aufgebaute Kleinstadt ein. Die Hausfrauenexpertin mit der Sprayflasche gebärdete sich wie einst die Amis mit Agent Orange in Vietnam. Die Kamera zoomte näher an die Plastikidylle. Eine Playmobil-Familie saß auf Lego-Stühlchen, der Tisch war mit Puppenporzellan gedeckt, ein Playmobil-Pferdchen streckte seine Nase über den Zaun zu dem Kaffeetisch, ein kleiner Hund und eine Katze aus Gummi saßen zu Füßen der Kaffeetafel. Dann wurde der Himmel über der Playmobil-Familie dunkel, und die schrille Stimme der Hausfrauenexpertin erklang: »Und das kennen wir doch alle, da sitzt man gemütlich im Sommer bei Kaffee und Kuchen – und dann auf einmal Summ-Summ-Summ.«

Sie zog unter der Verkaufstheke, auf der das Plastikidyll aufgebaut war, eine Angel hervor, an der eine dicke Gummifliege baumelte und ließ die Fliege drohend um die Köpfe der Playmobil-Familie kreisen. Die Plastikfliege war genau so groß wie der Kopf der beiden Playmobil-Kinder, natürlich vorschriftsmäßig ein Junge und ein Mädchen. »Vorbei ist das gemütliche Beisammensein!«, schrillte die böse Märchenerzählerin in die Kamera. »Da ist man gestört!« – »Da möchte man auch nichts mehr essen«, fuhr die Kassandra der Insektenvernichtungsmittel-Industrie fort, »wer weiß, wo die Fliege vorher draufgesessen hat!«

Ich wartete verzückt auf den Moment, in dem sie einen großen Scheißhaufen aus Plastik unter ihrer Theke vorzaubern würde, um den Sitzplatz der Fliege zu illustrieren, bevor die zur Kaffeetafel abgehoben war, aber Kassandra enttäuschte mich. Sie ließ die Fliege punktgenau auf der Kaffeetafel der Plastikfamilie landen, wo sie die kleine Porzellankaffeekanne umwarf. Wie oft geschieht das im täglichen Leben – man trinkt Kaffee auf der Terrasse, eine Fliege kommt, und schon liegt die schöne Kanne in Scherben.

»Und da hilft ›Anti-Paras‹!«, behauptete die Vernichtungsmittelexpertin, zückte ihre Sprühflasche und nebelte Pferd, Familie, Kaffeetasse, umgefallene Kanne, Gummihund und -katze nebst Kunstrasen und Bäumen aus Lego ein. Ein feiner weißer Flaum legte sich über die Szene. »Mit der Fliege passiert jetzt das!«, rief die grausame Hausfrau und schnitt die Strippe durch, an der die Fliege von ihrer Angel baumelte. Die Fliege stürzte auf den Boden und gab keinen Mucks von sich. Gut, sie war auch aus Gummi, aber die Demo war trotzdem eindrucksvoll: »Sofort tot dank Anti-Paras!«, schrillte der fleischgewordene Albtraum in die Kamera und deutete auf die Plastikszenerie, die unter dem weißen Flaum merkwürdig eingefroren wirkte. »Und nun können Sie wieder mit Appetit essen! Anti-Paras ist nämlich nicht gesundheitsschädlich! Jedenfalls nicht für Menschen.«

Die Hausfrau nahm jetzt das Familienvater-Püppchen aus seinem Stühlchen hoch in die Hand, wie eine grausame Vodoo-Hexe, und nebelte es mit Anti-Paras ein. »Anti-Paras können Sie auch vorbeugend verwenden, gerade im Sommer, da habe ich immer eine Flasche Anti-Paras in der Handtasche«, behauptete die Hausfrau. Manchmal machen mir Hausfrauen Angst. Sie drehte sich mit der Sprühflasche in der Hand zum seitlich neben ihr stehenden dicken Harald, der die Sendung moderierte. »Das können Sie auch einatmen!«, rief sie. Harald hob abwehrend die Hände, auf seiner

Stirn erschienen ein paar Schweißtropfen. »Nein, danke, liebe Marianne«, rief er, »das glauben wir Ihnen auch so, denn wir haben ja …« Flugs riss er ihr die Flasche aus der Hand, drehte sie um und deutete auf ein blaues Siegel. »… hier das ukrainische Gütesiegel für Umweltschutz, den blauen Floh, ein in dem Zusammenhang vielleicht etwas unglücklich gewählter Name, aber nun!« Die Hausfrauenexpertin hatte ihren Moderator in diesem Fall eher mit der Holzhammermethode am Gartenzaun überzeugt, aber es funktionierte, wie man anschließend an den Absatzzahlen sehen konnte: Anti-Paras war ein Renner.

Glücklich strahlend wie immer, wenn eins unserer Produkte richtig glücklich macht, lächelten die beiden in die Kamera, während Hund, Katze, Pferd, Familie und Fliege totenstarr und flaumbedeckt ins Nichts starrten.

»Das kann ja nicht gesund sein«, sagte Birgit. »Aber irgendwie coole Demo. So was müssen wir uns für meine Clean-Star-Tücher auch ausdenken!« Irgendwie cool. Genau das ist der Punkt. Wie wir es schaffen, am virtuellen Gartenzaun aus doof cool zu machen.

Ein Riss geht durchs Team – Gegenseitiges Zerfleischen als Überlebensprinzip

Es gibt Momente, da kann man das alles nicht mehr ertragen. Momente, in denen man an lustig funkelnde Augenpaare denkt und daran, ob es in der Kantine Schnaps gibt. In der Prep-Küche gab es Schnaps, Gänsels Codewort dafür war immer: »Andrea, Telefon!« Mit steigender Verweildauer bei HCS musste ich öfter mal dringend was trinken. Denn der Zickenkrieg im Team begann langsam, aber sicher auszuufern. Je mehr der Sender versuchte, mit fragwürdigen Entscheidungen die Absatzzahlen wieder in die Höhe zu treiben, desto nervöser wurden wir Protagonistinnen.

So konnte es passieren, dass sich eine der Türen auf den langen Gängen im Verwaltungstrakt plötzlich öffnete und ein Hintern groß wie ein Basketballfeld sich rückwärts in mein Sichtfeld schob, während die Besitzerin offensichtlich nach vorne dienernd sich lauthals verabschiedete: »Selbstverständlich Frau Braun, vielen Dank, dass Sie sich Zeit für mein Anliegen genommen haben, natürlich, das muss man alles ganz rational betrachten, ich freue mich ja, wenn ich da meine Kenntnisse als Fachfrau einfließen lassen kann, die neuesten Trends habe ich mir selbstverständlich auf den führenden Messen angeschaut, so was ist für mich ja selbstverständlich.«

Hätte ich sie nicht am Hintern erkannt, dann spätestens an ihrer intriganten Schleimerei. Iris Döbler-

Schmitz trug neuerdings Locken, in genau der gleichen brünetten Farbe wie Martina Schönhauser. Sie bewegte sich soeben rückwärts vor meinen Augen aus dem Büro der führenden Einkäuferin für unseren Bereich. Die »führende Einkäuferin« ist eine der wichtigsten Personen für uns kleine Experten, denn in unserem Geschäft gilt neben vielem anderen: »God is a Einkäufer.« Was Iris mit Frau Braun besprochen hatte, wusste ich natürlich nicht, aber ich konnte so tun als ob. Sie schloss vorsichtig die Tür, trat dazu noch ein Schrittchen zurück und rumste mit ihrer dicken Kiste genau in meinen tigerfellbewehrten Bauch. »Hallo«, sagte ich und legte lächelnd mein Köpfchen schief. »Au!«, schrie Döbler-Schmitz und rieb sich die Taille. Das ergab eigentlich keinen Sinn. Sie war weder besonders feste in mich reingerannt, noch zeichne ich mich durch besonders spitze Knochen aus. An der Art, wie sie nun vorsichtig an ihrer Taille rumzuppelte, erahnte ich ihr Geheimnis: »Ey was?! Du lässt dich jetzt auch operieren? Was geht denn hier ab? Copy-Paste Martina Schönhauser?« Döbler-Schmitz belegte mich mit einem vernichtenden Blick. »Ich hab mir eben auch ein bisschen die Taille machen lassen.« Ich sagte nichts, sondern musterte nur stumm ihr nunmehr gelocktes Brünetthaar sowie das moderne Jeans-Jäckchen. »Den Hintern kann man sich aber nicht operieren lassen«, sagte ich, weil ich sie nun mal nicht leiden konnte. Sie ließ mich stehen und eilte vor mir den Gang Richtung Treppenhaus entlang. Unsere Einschätzung beruhte auf Gegenseitigkeit.

Langsam und nachdenklich überquerte ich den Hof und betrat die Kantine. An einem der hinteren Tische saß Döbler-Schmitz. Wie war das möglich? Teleportation? Zweiteilung ihres Hinterns und der Rest war irgendwie gefolgt? Verfolgungswahn meinerseits? Ich rieb mir die müden roten Augen. Das Bild stellte sich scharf. An dem Tisch saß natürlich nicht Iris Döbler-Schmitz, sondern Martina Schönhauser, in annähernd identischer Kleidung und Frisur, und unterhielt sich mit mehreren Einkäufern. Wichtigen Einkäufern. Unterhalten war vielleicht das falsche Wort. Martina beklatschte alles, was die Herren der Schöpfung von sich gaben, lächelte und stieß von Zeit zu Zeit ein perlendes Lachen aus, gehaltvoll wie ein Glas Mineralwasser. Die Herren Einkäufer schien es nicht zu stören, dass nur sie selbst redeten. Wahrscheinlich würden sie im Nachhinein Stein und Bein schwören, dass man sich brillant unterhalten hatte und Frau Schönhauser wirklich eine geschäftliche Koryphäe wäre. Mir in meinem Tigerfellanzug schenkten sie nur einen mitleidigen Blick.

Der Tag ging dahin, die Nacht kam. Was aber auch egal ist, da man bei 24-Stunden-Live-Sendebetrieb ohnehin irgendwann das Gefühl für Tag und Nacht verliert. 23.30 Uhr. Ein experimentierfreudiger Mensch hatte uns Haushalts-Ladies in den Nachtstunden zwischen null und drei Uhr morgens eingeplant, andockend an das täglich wechselnde Tagesangebot, das stets um null Uhr mit dem »Kick-off« begann. Wir saßen im Aufnahmeleiter-Eckchen auf der Couch. Döbler-Schmitz und Martina Schönhauser ekelhaft einträchtig nebeneinander. Martina Schönhausers Stern schien tatsächlich im Sinken begriffen. Statt wie bislang rund um die Uhr Schaumkissen, Nackenrollen, ekelhaft süßliches Parfum und ähnliches Kulturgut zu verkaufen, endeten ihre Schichten ab der kommenden Woche spätestens um 22 Uhr. In den Nachtstunden würde dann Sibylle, Sigrids eindimensionales Abbild, Martinas Schichten übernehmen – und natürlich Gage kassieren.

Möglicherweise waren die unsichtbaren Entscheider von HCS über Nacht zu Menschenfreunden mutiert, die Martinas tränenreicher Klage, dass sie gar keine Zeit mehr habe, ihr vieles Geld auszugeben, stattgegeben hatten. Möglicherweise hatte die neue Nachtstundenregelung tatsächlich ihren Ursprung in den Anrufen besorgter Zuschauer, die um die Gesundheit der rund um die Uhr anwesenden Martina besorgt waren. Zumindest war dies die offizielle Begründung, mit der der Sender Martinas Einsätze und Verdienste beschnitt. Menschenfreunde. Wir zweifelten daran.

Martina Schönhauser selbst demonstrierte inständige Zufriedenheit mit dem neuen Arrangement und wurde, mit einem scheelen Seitenblick auf Döbler-Schmitz, nicht müde zu betonen, dass dies wohl die beste Lösung für alle Beteiligten wäre. In der Tat war die geistig schlichte Sibylle im Vergleich zur ambitionierten Döbler-Schmitz für Martina mit Sicherheit das kleinere Übel.

Martina hingegen tat, als hätte sie mit Sibylle als Nachtstundenvertretung zugleich eine neue beste Freundin fürs Leben gewonnen. Bei jeder Gelegenheit hakte sie sich bei ihr unter oder berührte sie vertraut am

Arm. »Wer nicht für mich ist, ist gegen mich«, funktioniert auch als Umkehrschluss: »Wer für mich ist, ist nicht gegen mich.«

Sibylle, zu keiner Niedertracht fähig, freute sich überdeutlich über die neue Chance. Ihre wenigen Produkte der HCS-Eigenmarke »Queen-Mary« erinnerten mehr an das gleichnamige Kriegsschiff als an die Schwester der englischen Königin, wie es sich unsere Marketingstrategen bei der Schaffung dieses Markennamens erhofft hatten: unfassbar scheußliche Teeservices mit passend bestickten Tischdecken, barock überladene Bettüberwürfe mit Quasten und rosa Kordeln an jeder nur erdenklichen Ecke, weiße Plastiktischdecken im Damastimitat, die so steif abstanden, dass man damit die *Queen Mary* hätte über den Ozean segeln lassen können und jeder erdenkliche Quatsch und Kitsch, der einem Souvenirladen alle Ehre machen würde, bei uns aber dafür doppelt so teuer war.

Der Mist lief unerwartet schlecht. Normalerweise haben wir eine einfache Faustregel: Wenn etwas richtig schlimm aussieht, unfassbar hässlich ist, völlig dysfunktional, dafür aber noch überteuert: Unsere Zuschauer werden es dir aus den Händen reißen. Bei den »Queen-Mary«-Produkten versagte die Regel kläglich. Daran hatte auch die Idee der Entscheider, Sigrid gegen Sibylle auszutauschen, nichts geändert. Der Flurfunk sendete bereits seit längerem Gerüchte, dass »Queen-Mary«-Produkte ebenso stillgelegt werden würden wie ihr Pendant, das berühmte Kriegsschiff. Und damit natürlich auch Sibylle.

Sibylle drohte also Arbeitslosigkeit. Umso mehr freute sie sich in aller Unschuld über die zusätzlichen Einnahmen und die herzliche Zuwendung ihrer neuen Freundin. Martina Schönhauser beteuerte vokabelreich, dass Sibylle als Nachtvertretung die optimale Lösung sei. Wir taten alle so, als ob wir ihr glauben würden. Selbst Döbler-Schmitz verbreitete Freundlichkeit und Teamgeist. »Ach«, rief Döbler-Schmitz, »da haben wir uns ja letztens ganz schön angepfiffen, was?« – »Was soll's«, rief Martina Schönhauser, »jeder macht mal Fehler.«

Übersetzt hieß das »Krieg«. Um in der »Queen-Mary«-Metaphorik zu bleiben: Döbler-Schmitz und Martina Schönhauser waren zwei hoch bewaffnete Fregatten auf rauer See. Sibylle war bestenfalls ein Kollateralschaden.

Aus dem feinen Riss in unserer Gemeinschaft wurde allmählich ein tiefer Graben, an dessen Ende sich zwei Lager gegenüberstehen würden. Martina Schönhauser begann bereits ihre Truppen aufzustellen: die höchst ergebene Sibylle, der sie suggerierte, sie empfohlen zu haben, was natürlich totaler Unsinn war, aber woraufhin ihr Sibylle in ewiger Dankbarkeit zu Füßen lag. Des Weiteren ein neues Mitglied unserer Truppe, die überemotionale Daniela, und zu guter Letzt Martinas Seelenverwandte, die dunkle Prophezeiungen murmelnde Corinna, sowie mein Phantom der Oper, die glatt gebügelte Petra Berger. Gern ließ sie beiläufig ein »Wer nicht für mich ist, ist gegen mich« fallen, woraufhin ihre Gefolgschaft Beistand schwor.

Auf der anderen Seite des neuen Grabens stand ein versprengter Haufen: Döbler-Schmitz als intellektuelle Vertreterin der neuen Habgier für sich alleine. Birgit, ich und die Schwachstromexpertin Ingrid Böntgen bildeten in unserer praktizierten Geldgeilheit, der Respektlosigkeit gegenüber den Institutionen von HCS und dem Wunsch, neue Ideen umzusetzen, eine haltlose Gruppe aus Einzelkämpfern. Misstrauisch hockten wir alle beieinander. Es war stiller geworden beim Aufnahmeleiter. Das allgegenwärtige Misstrauen, dass eine die andere beim Einkauf unterbieten und ihrer Jobs habhaft werden könne, manifestierte sich in Schweigen.

Birgit, die die Stille nicht mehr ertragen konnte, klatschte in die Hände und rief: »Habt ihr schon gelesen? Die Zettel an der Tür?« Niemand hatte. »Also«, erklärte sie, »HCS hat einen Ideenwettbewerb ausgeschrieben, da kann jeder seine Verbesserungsvorschläge einschicken. Da könnten wir doch alle zusammen mitmachen!« Döbler-Schmitz musterte Birgit mit unergründlichen Katzenaugen. Birgit schüttelte den stummen Vorwurf ab: »Was Neues machen, spontan bleiben, unseren Zuschauern was bieten, wie sagte der Trainer: ›Nicht in Schränken denken!‹« – »Schubladen«, murmelte ich. »Schränke, Schubladen, Einbauküche – Hauptsache Leben in die Wohnung!«, rief Birgit enthusiastisch. »Bude«, sagte Döbler-Schmitz.

»Na ja«, sagte ich, »wir können gemeinsam was Neues entwickeln, das wär bestimmt gut für die Gruppe. Und für jede Einzelne natürlich: Wir zeigen Fachwissen.

Vielleicht werden wir dann nicht so schnell ersetzt«, murmelte ich mit einem Seitenblick auf Sibylle, der schlichten Variante von Sigrid. »Genau«, rief Birgit aufgeregt, »zum Beispiel die Idee, alles lebendiger zu gestalten, uns gegenseitig im Set besuchen – was weiß ich. Man könnte auch neue Produktideen entwickeln«, sagte Birgit, »der Griff der Haarspraydose könnte zum Beispiel eine Rundbürste sein!« – »Au ja«, sagte Sibylle, »und aus dem Deckel von der Haarspraydose mit ein paar Griffen einen Aschenbecher machen. Da kann man doch sogar ein ›Queen-Mary‹-Logo reindrucken!«

Martina Schönhauser lehnte sich zurück und schlug vorsichtig ihre erneut abgesaugten Knie übereinander. »Ich halt da nichts von«, sagte sie, »da mischen wir uns nur in das Geschäft von TV-Sales ein, das nehmen die uns nur übel.« – »Genau«, sagte die emotionale Daniela und wischte sich eine Träne von der Wange, »das könnte gefährlich sein. Wer weiß, welcher Manager sich das ausgedacht hat und welche Abteilungen wir uns dann zum Feind machen, die vielleicht wichtiger sind für uns.« – »Aber wenn doch eh im Moment die Umsätze im Keller sind«, sagte ich, »und die uns schon Seminare geben, um unsere Kompetenz zu erhöhen – warum nicht unsere Kompetenz zeigen. Als Verkaufsexpertinnen mit Ideen!« – »Da beweist du gar nichts«, sagte Martina Schönhauser ernst und polierte sich die Nägel, »außer dass du nicht weißt, wie der Hase läuft. Wenn du eine gute Idee hast, steck sie deinem Einkäufer und tu so, als wäre es seine. Alles andere bringt nur Ärger.« Ich schluckte. Besaß Martina Schönhauser ein tieferes

Wissen über die Welt, das mir verwehrt geblieben war? Galt diese Regel nur fürs Teleshopping-Geschäft oder am Ende gar auf der ganzen Welt?

»Guckt mal, was hat der da im Seminar gesagt«, rief Birgit mit einer abwehrenden Handbewegung, »wir sollen immer alle Argumente recyclen.« – »Nicht recyclen«, sagte Petra Berger, »der sprach nicht von recyclen, sondern von Cycle-Verkauf. Statt wie früher neun Minuten alles Mögliche zu erzählen, besser drei mal drei Minuten immer dasselbe.« – »Genau«, nickte ich, »in Schleifen, quasi immer dieselben drei Argumente wie ein Mantra wiederholen. Bis auch der Blödeste sie kapiert hat«, sagte ich. »Ja eben, sag ich doch«, rief Birgit, »recyceln wir doch unsere Argumente! So einen Quatsch können wir doch auch entwickeln! Wir entwickeln tolle neue spannende Demos!« Sie wedelte drohend mit der Haarsprayflasche. »Da treffen wir uns bei mir, wenn wir alle frei haben, basta, also Iris ist dabei, Andrea, natürlich, Sibylle, du machst ja die Nachtstunde für Martina, da kannste ja tagsüber, und Ingrid und wer noch?« Sie blickte auffordernd in die Runde. »Also, ich mach da nicht mit«, sagte Martina, »mir ist das zu doof.« Daniela, Petra Berger und Corinna zögerten kurz und schlossen sich schließlich grummelnd Martina an. Nur Sibylle rief glücklich: »Ach, das könnte ich mir schon vorstellen, mal so'n paar Ideen entwickeln!« Martina warf ihr einen drohenden Blick zu. »Vorsicht, Sibylle«, dachte ich.

Der Riss war endgültig zum Graben geworden.

Pfirsichzarte Pyjamas nachts um eins

Ich ging mit Birgit und Ingrid Böntgen eine rauchen. Leise murmelnd beratschlagten wir den Ideenwettbewerb am Rauchercontainer, ich heute mal in einem pfirsichfarbenen Pyjama, Ingrid Böntgen bewaffnet mit ihrem Schwachstromgerät und Birgit in einem dunklen Twinset mit Lappen in der Hand, während der Qualm unserer Zigaretten in den nächtlichen Himmel stieg. Die Studiotür ging mit einem lauten Knall auf. Unser Aufnahmeleiter brüllte: »Seid ihr jetzt alle komplett am Durchdrehen, oder was? Andrea, du bist dran, verdammt noch mal! Da stehen die hier und quatschen, ich such euch, noch neunzig Sekunden, verdammt noch mal«, wiederholte er.

Ich schaffte es gerade noch rechtzeitig ins Set zum dicken Moderatoren-Harald, der vom vorherigen Set, einem provisorischen Sportstudio, in ein provisorisches Modebüdchen gewechselt war, um dort mit mir nachts um ein Uhr einen stoffgewordenen Albtraum unters Volk zu bringen: pfirsichfarbene Pyjamas mit rosafarbenen Rentieren bestickt. Aber um die Uhrzeit war es auch egal. Bei Haralds Tempo konnte man eh nicht viel reden, und ich beschloss, zu schweigen, zu lächeln und im Hinterkopf die neusten Informationen über die Konstellationen im Team auszuwerten.

Ich postierte mich also neben Harald und lächelte freundlich und nichtssagend in die Kamera. Harald neben mir zückte seine Moderationskarten, las die Bestellnummer für meinen Schlafanzug ab und runzelte die Stirn. Die Sendeleitung hatte vergessen, zu der Bestellnummer den Namen meines Schlafanzugs aufzudrucken. Harald blickte auf unseren Kontrollmonitor, auf dem in einer seitlichen Grafik auch für unsere Zuschauer stets Bestellnummer und Name des Produktes zu lesen war. Harald beugte sich kurzsichtig vor: »Mit der 269 331 haben wir hier für Sie, meine sehr verehrten lieben Damen, die passende Kleidung zur Uhrzeit – den Schlafanzug Pfirsich-Art.« – »Pfirsich-Zart!«, sagte ich. »Was? Aber das steht doch ›Pfirsich-Art‹«, rief der Moderator mit gerunzeltem Gesicht und beugte sich noch weiter vor, um trotz fehlender Lesebrille die Zeichen auf dem Bildschirm zu deuten. Dabei unterschätzte er die Uhrzeit, seinen dicken Bauch und die Schwerkraft und kippte fast um. Harald ruderte mit den Armen, wie ein geisteskranker Dirigent, wobei ihn die zu enge Anzugjacke und der umgebundene Vatermörder behinderten. Leider trafen seine rudernden Arme meine Schaufensterbüsten, auf die ich Varianten des pfirsichzarten Rentier-Albtraums in Blau mit Lila, Rot mit Orange und, eine Variante, die Corinna bevorzugte, Schwarz mit Schwarz, aufgezogen hatte. Im Bruchteil einer Sekunde musste ich mich entscheiden: Rette ich Harald oder die Büsten? Schließlich rettete ich einfach nur mich selbst mit einem Sprung zur Seite. Harald ruderte meine Büsten um, die blauen, roten und schwarzen Kleiderständer segelten zu Boden, als hätte ein wütender Mensch-ärgere-dich-nicht-Spieler unser Brett umgetreten, nur ein pfirsichfarbenes

Männchen (ich) und ein dicker blauer Würfel (Harald) blieben auf dem Spielfeld.

Die Situation wurde weder dadurch entschärft, dass ich den Kameramann erstickt lachen hörte, noch durch das beherzte Eingreifen von Mark Mendel, der im Nachbar-Set für die Fünf-Uhr-Stunde aufbaute, irgendwas mit Lichterketten und blinkenden Plastikherzen, mitten im Hochsommer. Mendel sprang ins Set, wie der zweite Würfel, und hielt Harald fest. In dem Wissen, dass jetzt ohnehin alles verloren war, nutzte die Regie den Moment, um uns eine Anruferin einzuspielen, eine Frankfurterin, die in tiefster Mundart fragte: »Ei, isch han g'sähe, die schee Pyjamas, ei, do wolld isch mol froge, hen Sie die auch in 58/60? De andere Kleidscher do, die sin mir als ebe zu klaan!« – »Das andere ist zweifach XL, das ist doch nicht klein!«, rief Harald verzweifelt. »Und jetzt entschuldigen Sie erst mal, meine Dame, die missliche Lage«. Mendel ließ los. »Und ich freue mich erst mal ganz herzlich, Sie hier mitten in der Nacht begrüßen zu dürfen, schönen Dank auch an Mark Mendel«. Mendel grüßte jovial zwinkernd in die Kamera. »Aber«, hub Harald geschmeidig an, »so ist das, wenn alles live ist!« Unnötig zu erwähnen, dass kaum Pyjamas bestellt wurden.

Der Star

Haralds nächster Einsatz nach meinen Schlafanzügen »Pfirsich-Art« sollte Petra Bergers Mikrofaser-Bettwäsche sein. Im Schlafzimmer auf dem großen Doppelbett saß Harald neben Petra in den Kissen, beide waren allerdings live noch nicht zu sehen. Stattdessen lief ein zehnminütiger Werbefilm für eine Tillmann-D.-Stunde, welche Petra und Harald noch eine kleine Verschnauf- und Verkaufspause verschaffte.

Tillmann D. war und ist der Star des Senders, und längst größer als dieser. Er ist gewissermaßen die große alte Dame des Teleshoppings, schrecklich schön mit Fönfrisur. Unsere Kunden liebten Tillmann D., nicht allein wegen seiner aufgesetzt homosexuellen Modedesigner-Art (eben so, wie sich das einfache Volk einen Designer oder einen Homosexuellen vorstellt), sondern vor allem, weil Tillmann D. charmant war, plappern konnte, ohne Luft zu holen und beim Verkauf Nähe und Intimität zum Publikum herstellte. Tillmann D. war hundertprozentiger Profi, vielleicht das größte Verkaufstalent im ganzen Stall. Jede Bewegung, jeder Lidschlag, jedes Vorbeugen und vertraulich in die Kamerazwinkern, jedes Ponyschütteln und Hundi-Streicheln war auf den Punkt exakt getimt.

Und das klang dann in etwa so: »Also, meine lieben Damen, das ist jetzt ein ganz fantastischer Bolero, ›soooo dehnbar‹«. Er zog die Jacke dem neben ihm stehenden Model an, gab ihm einen kleinen Klaps auf den Arm und verfolgte, eine Schnute ziehend, wie die berufsmagere Frau auf und ab ging. »Gleichzeitig ist er so topchic, das sieht man auf den Laufstegs in Mailand, vielleicht in New York, oder Paris, aber Sie können jetzt auch in Leipzig, auch in Dortmund, auch auf dem Dorf morgens beim Brötchenholen schon die Straße in einen Laufsteg verwandeln« (manikürter Zeigefingernagel in der Luft), »da werden Sie, meine Liebe« (Nagel deutet in Kamera), »viele neidische Blicke auf sich ziehen, aber das ist ihr Laufsteg. Sie müssen ja nicht verraten, wo sie diese Topmode so günstig erstanden haben, jede Frau braucht ihr kleines Geheimnis, und dann sehen Sie mal hier diese topchice Applikation«, das ziellos hin und her laufende Model wird am Kragen der Jacke gepackt und unwirsch rumgedreht, im Wegdrehen fällt dem Mädchen das Lächeln aus dem Gesicht, der spitz manikürte Nagel fährt in Großaufnahme an der Rückenpartie des Models auf und ab, man hat Angst, dass Tillmann D. das Mädchen aufschlitzt, »nicht wahr, da haben wir – Toll! Toll! Toll! – diese lilafarbenen fünf Zentimeter großen Steine, eingearbeitet in meinen klassischen italienischen Stil. Nicht wahr, Italien, die Wiege der Mode, meine Liebe, stilvoller Chic und dazu dann diese Ornamente, das ist chic, das ist frech, das ist trendy, das ist nicht langweilig, und wir wollen alles sein, aber nicht langweilig, nicht wahr, meine Damen zu Hause …«

Und so ging es weiter in einer Art Dauerschleife. Tillmann D. verkaufte keine Produkte, er war das Produkt. Eine selbst ernannte Stilikone aus Implantaten, eine Silikone, die selbst in diesem kleinen nächtlichen Werbevideo mehr Umsatz machte als wir in einer kompletten Stunde.

Allerdings machte Tillmann D. sich mit seinen Starallüren auch nicht unbedingt nur Freunde. Unserem Product Coordinator Michael, einem der vielen unsichtbaren Studiohelferlein, war Tillmanns Auftreten ganz besonders zuwider, und er ließ keine Gelegenheit aus, das deutlich zu machen. Wie das funktioniert, war während des folgenden Sells zu bewundern.

Marina, die häufig mit Tillmann D. als Moderatorin auf Sendung war, sprach unsere Zuschauer in Großformat an: »Und jetzt freue ich mich mit Ihnen auf einen kleinen Ausblick auf Tillmann D.s Tagesangebot in der kommenden Woche Mittwoch, wunderschönen Schmuck, großartigen Schmuck, prachtvollen Schmuck, opulenten Schmuck«, las sie von ihrer Moderationskarte ab, »Schmuck, der uns glänzende rauschende Feste nahebringt, wie … wie …«, sie suchte an der Studiodecke nach einem Vergleich, »wie auf der *Titanic*, also jetzt für alle, die nicht dabei gewesen sein konnten!«. Marina strahlte in die Kamera.

Irgendwo hinten im Studio hörte ich Michael vor Freude quietschen. »Die *Titanic*, das ist ja …«, hob Marina erneut an, »ein großes Schiff, ein tragisches Schiff gewesen, na ja, das hat ja, das ist ja durch das Meer gepflügt, nicht wahr, Tillmann, auf der einen Seite haben wir da den Pazifik, auf der anderen den Ozean!« Die Kamera zoomte ziemlich wackelig auf. Der Kameramann musste wahrscheinlich ziemlich lachen. Tillmann D.s konsterniertes Gesicht erschien. »Auf der einen

Seite haben wir da den Pazifik, auf der anderen den Ozean?«, fragte er. »Aber das ist doch der Pazifische Ozean?« – »Ach so, ja, haha, das hab ich auch gemeint«, rief Marina und hielt sich die Kraken-großen Ohrringe ans Ohr: »Der macht ja auch so jung, dieser Schmuck, der hält jung, Tillmann, darf ich Sie eigentlich mal fragen, wie alt Sie sind?« – »35 Jahre alt«, lächelte Tillmann D.

Stille.

Dann das explosionsartige Lachen von Michael, das dermaßen laut durchs Set hallte, dass es selbst taubstumme Zuschauer, über die Mikrofone von Marina und Tillmann übertragen, am Fernseher vernommen haben mussten. »35, habt ihr das gehört – 35 –, ich lach mich schlapp!« Michael war außer Kontrolle. Tillmann D.s Miene verfinsterte sich den Bruchteil einer Sekunde lang, dann gewann seine Professionalität Überhand: »Meine Lieben zu Hause …«

Michael schoss aus dem Set ins rettende Aufnahmeleiter-Eckchen, kaum dass Marina den Showblock absagte, wurde allerdings binnen Minuten von Tillmann D. eingeholt, den ich für imstande hielt, ihm den Hals aufzureißen und das Blut auszusaugen: »Ich werde dafür sorgen, dass du keine Schicht mehr hast, wenn ich hier bin, Freundchen, da kannste dich mal warm anziehen!«, keifte die männliche Diva mit Kleopatra-Attitüde im rüden Beißton der Unterschicht, sodass sämtliche Anwesenden, inklusive des Aufnahmeleiters Dragan, von ihren Sitzen und Sofas hochschreckten. »Du hast mir den Sell versaut, was bildest du dir überhaupt ein …« – »Hey, macht mal langsam«, versuchte Dragan beruhigend auf die Kontrahenten einzuwirken, »beruhigt euch, wir müssen hier alle umsichtig und vorausschauend arbeiten!« – »Ach«, sagte Michael, »warum tut ihr es dann nicht« und floh Richtung Kantine, wobei er beinahe Mark Mendel rammte, der soeben Gartenzwerge mit Willkommensgruß an Zuschauer verkauft hatte, die unsere Produkte verdient haben.

neu

GEMEINSAM IN DEN ABGRUND. DIE PYJAMA-PARTY

super angebot

Wir alle waren keine Tillmann D.s. Wir mussten kämpfen, um im Geschäft zu bleiben. Doch, was hatte ich getan? Warum hatte ich diesen Ideenwettbewerb auch noch favorisiert? Ich begann, an Birgits Idee zu zweifeln.

Nach dem letzten Schlagabtausch und der weiteren Aufspaltung unserer Truppe waren wir Abweichler und Ideenfinder der Reihe nach bei Birgit eingetrudelt: Iris Döbler-Schmitz, Sibylle, Ingrid Böntgen und ich. Wir hatten gegessen, getrunken, viel getrunken, noch mehr getrunken, Verkaufsideen entwickelt, unsere Autos stehen lassen, alle bei Birgit geschlafen und unseren Ideenzettel am Tag darauf sauber getippt bei HCS eingereicht. Und das Wunder war geschehen: Der riesige Tanker HCS, das fast unmanövrierbar große Schiff, hatte sich binnen Wochenfrist bewegt: Wir durften eine unserer Ideen ausprobieren. Es war Birgits Idee gewesen: eine lustige Pyjama-Party live im Fernsehen. Statt einer Verkäuferin und einem Moderator mit einem Produkt neun Minuten lang, würden wir ein lustiges

Mädels-Beisammensein inszenieren: mit allen Produkten eine ganze Show-Stunde lang.

Einige trugen meine Pyjamas (ich pfirsichfarben, der Rest blau, rot und Corinna natürlich die schwarze Variante), Martina Schönhauser hatte einen meiner Tiger-Hausanzüge übergezogen und Iris Döbler-Schmitz sich daraufhin in die Leoparden-Variante gezwängt. Es war eine Frauen-Pyjama-Party, Männer wären bei dem Anblick schreiend weggelaufen. Bis auf Fernsehkoch Horst Gänsel, der war schmerzfrei und durfte mitmachen.

Auf einem Tischchen aufgebaut, standen Birgits Clean-Skin-Star-Abschminktücher für die große Porenreinigungs-Party, ein riesiges Doppelbett bot Platz für alle Weiber, auf einem Tischchen dekoriert, standen Sibylles Teetassen aus der »Queen-Mary«-Serie, aus denen wir alle gemeinsam Tee trinken würden sowie ebenfalls von »Queen Mary« eine Reihe Sektkelche mit Rosen am Stiel, die wir allerdings nur mit Apfelsaft füllen sollten. Martina Schönhausers Lufti-Kuss-Schaumkissen bedeckten in allen Varianten und Größen Bett und Boden, zum Teil überzogen mit Petra Bergers Glanzbettwäsche.

Neben den Abschminktüchern lagen ionisierende Haarbürsten und Schwachstromgeräte, mit denen die Wellnessexpertin Ingrid Böntgen erneut Petra Berger traktieren würde. Ich freute mich schon auf die »Lappen-über-das-halbe-Gesicht«-Demo, um die spontane Faltenreduktion zu beweisen. Birgit überlegte, dafür einen ihrer Clean-Skin-Star-Lappen einzusetzen, wir diskutierten aber noch, ob das schlechte oder gute Werbung wäre, wenn das Phantom der Oper ein Abschminktuch im Gesicht hat.

Diverse Haushaltsartikel unserer Partycrew wie Besen und Schäufelchen, Tupperdosen, Kühlschrank-Luftbefeuchter und Leselampen zierten Tische und Schränke, im Kamin flackerte ein fröhliches aufgemaltes Feuerchen. Auf einer Anrichte stand dekoratives Küchengeschirr von Horst Gänsel mit Schnittchen und Obst und seitlich vom großen Bett zierte ein Schokoladenbrunnen eine weitere ausladende Kaffeetafel. Ein Schokoladenbrunnen ist wie eine Art Schokofondue, Schokolade wird erhitzt und sprudelt aus einer breiten oberen Öffnung in Kaskaden in einen tellergroßen Schokosee, in dem man dann Erdbeeren, Bananenstückchen oder anderes Obst an einem Schaschlikspieß in die flüssige, heiße Schokolade tunken kann. Kurz gesagt: Wir standen vor einer Premiere unserer ideenreichen Haushaltscrew, einer Pyjama-Party mit allem Zick und Zack, nur ohne Alkohol. Und nicht nur mit unseren Haushaltsexpertinnen, nein, Fernsehkoch Horst Gänsel würde uns besuchen, und wir würden uns alle mit ihm acht Minuten um den Schokobrunnen gruppieren und Schokofrüchte essen, als hinge unser Leben davon ab. Martina Schönhauser und ihre Gefolgschaft, die sich im Vorfeld gegen den Ideenwettbewerb ausgesprochen hatten, schlichen schon den ganzen Tag mit blasierter Miene durchs Studio, während Corinna ein ums andere Mal finstere Prophezeiungen über das Scheitern dieser Pyjama-Party-Stunde im Speziellen und unser aller

Leben im Allgemeinen ausstieß. Insofern war alles wie sonst.

Trotzdem, eine Pyjama-Party mit vielen Experten gleichzeitig und vielen Produkten, zwischen denen ständig hin und her gesprungen werden sollte und das Ganze auch noch auf die Idee einiger Verkäuferinnen hin: ein für den Sender revolutionärer Vorgang. Die Kameraleute zoomten schon seit Stunden in dem vorbereiteten Set hin und her, um rasche Produktwechsel und neue Einstellungen auszuprobieren.

Wir bauten wie die Wahnsinnigen auf. An die Pyjama-Party schloss sich ein weiterer Fünf-Stunden-Block an, das Ganze lief als »Haushalts-Event« und wurde in den einschlägigen Programmzeitungen und eigenen Sendungen seit Monaten beworben. Unsere Pyjama-Party war ein Test und somit zugleich eine große Verantwortung. Sollten sich die Kunden durch unser vielgestaltiges Set überfordert fühlen und abschalten, sollte der Sender durch die Pyjama-Party Kunden und Umsatz verlieren, wäre ein gewaltiges Donnerwetter fällig. Corinna sprach von nichts anderem mehr.

Ich zog Polyester-Scheußlichkeiten auf Kleiderbüsten, drapierte passende Puschelschlappen in Schuhschränkchen und half Birgit, Unmengen von Tupperdosen zu einem Turm aufzuschichten. »Pro Set 36 Dosen«, rief Birgit und verschloss luftdicht Käse, Obst, Salmonellen und weiteres Kleingetier von Horst Gänsels Geheimkühlschrank in ihren Dosen. »Iss da bloß nichts von«, raunte sie mir warnend zu, »ich hab ganz vergessen einzukaufen, hab nix gehabt für in die Dosen reinzutun«, radebrechte sie, »Horst ist mir beigesprungen, Gott sei Dank!« Birgit wischte sich über die schweißnasse Stirn. »Mein Gott, aufbauen für fünf Stunden, ich find überhaupt nichts wieder, hier fehlt doch auch schon wieder was, wo sind die Product Coordinatoren, ich kann jetzt schon nicht mehr!« Irgendwo im Studio fiel mit Krach und Getöse eine Pappmascheewand um, die die Dekoabteilung »Sets and Props« gerade errichtet hatte.

»Könnt ihr vielleicht alle mal leise aufbauen, wir sind auf Sendung«, keifte Dragan, der heute Aufnahmeleiter war. »Ruhe«, knurrte Horst Gänsel, der gerade eine Armada gusseiserner Kochtöpfe in der Ecke unseres Party-Sets dekorierte. Ungefähr 20 000 dieser unverkäuflichen Töpfe standen noch auf Lager und sollten als sogenanntes »Nur-einmal-Angebot« (NEM) beim heutigen Haushalts-Event verramscht werden. »Dragan macht doch nur seinen Job, Horst«, sagte ich, obwohl ich wusste, dass die beiden sich einfach nicht leiden konnten. »Mendel ist gerade auf Sendung, der verkauft heute als Tagesangebot Gartenzwerge mit Solarbatterie, die ›Hallo‹ sagen, wenn man vorbeigeht. Man kann aber auch ›Tschüss‹ einprogrammieren oder ›Hundegebell‹.« Gänsel warf einen langen Blick in die andere Ecke des Studios, in der der wendige Mendel einen Spießertraum aus Kunstrasen, Holzzaun und Gartenzwergen aufgebaut hatte. »Ich würde meinem Zwerg ›HAU AB!‹ einprogrammieren«, knurrte Gänsel, »an guten Tagen …«

»So, Schluss jetzt«, sagte er, »Andrea, Sibylle, Birgit – Telefon!« Sibylle guckte ihn mit einem großen Fragezeichen in den Augen an. Gänsel verzog den Mund und schlug die Augen gen Himmel. »Mädchen, komm einfach gleich mal in die Prep-Küche. Ihr anderen auch. Aber einzeln. Telefonieren.«

Diskret verschwanden wir nacheinander über den Studioflur in die Prep-Küche. Ich setzte mich auf die Edelstahlspüle, Birgit lehnte sich an den großen Metalltisch in der Mitte des Raums, auf dem normalerweise Gemüse und Fleisch zerkleinert wurden. Sibylle drückte sich schüchtern an die Tür, durch die jetzt Corinna und ihre Freundin Martina Schönhauser spaziert kamen. »Was ist denn hier los?«, fragte Martina. »Leise«, sagte Gänsel, legte den Zeigefinger auf die Lippen und öffnete die Türen zu dem geheimen Reich seiner Kühlhäuser. Ein Schwall Kälte drang in die Küche. Unbekümmert wie ein Polarforscher verschwand Gänsel im Frost. Er zauberte zwei Flaschen Sekt hinter der Kiste vor, verschloss sorgfältig die Kühlkammer, durchquerte die Küche, warf noch einen Blick in den Studiogang und schloss die Tür. »So, Mädels, jetzt wird's gemütlich, Prost!« Gänsel schenkte reihum ein. »Wir trinken auf die Pyjama-Party heute, dass eure Idee viel Umsatz generiert und wir alle jede Menge Geld verdienen – jetzt und immerdar!« Darauf hoben wir gern unsere Gläser. Sibylle kippte hastig das erste Glas und ließ sich gleich noch mal nachschenken. »Ach, ich bin ganz schön nervös«, sagte sie, »ich bin ja immer nervös, aber heute, das ist wieder so was ganz anderes.«

Martina betrachtete sie wieder mit diesem schwer deutbaren Blick und zog dann süffisant eine Augenbraue hoch. »Na wieso denn, ist doch eure tolle Idee, vom ›Ideen-Club‹«, sagte sie leicht verächtlich. »Jetzt müsst ihr die auch durchziehen«, sie trank nur ein Schlückchen und ließ Sibylle nicht aus den Augen. Die musterte verzweifelt ihre neue beste Freundin. »Du nimmst mir das doch nicht übel, dass ich da mitgemacht hab, oder? Ich find das gut, wenn wir uns selber was ausdenken.« – »Nein, nein, Blödsinn«, lachte Martina ihr perlendes Lachen, »natürlich nicht. Du musst doch nicht nervös sein, Sibylle, alles wunderbar, du präsentierst jetzt nachts meine Produkte, du verwirklichst schon eigene Ideen, du hast bestimmt eine ganz große Karriere vor dir, hier bei HCS«, sagte Martina. Warum nur erschien vor meinem inneren Auge das Bild der bösen Stiefmutter mit dem vergifteten Apfel?

Die Küchentür flog auf. Hastig ließen wir alle unsere Sektgläser hinter dem Rücken verschwinden, aber es war nur Iris Döbler-Schmitz, das dicke Ebenbild von Martina, die uns misstrauisch musterte. »Was macht ihr denn alle hier?« – »Telefonieren«, rief Sibylle ungewohnt forsch und lachte. »Ein kleines Gläschen für die Iris«, sagte Gänsel in dem Bewusstsein, dass nüchterne Zeugen nicht gut waren und schenkte Iris einen ordentlichen Humpen ein.

Tatsächlich nahm sie einen großen Schluck, was mich etwas verwunderte, bevor es plötzlich aus ihr herausbrach: »Wisst ihr schon das Neuste? Wir werden alle wieder wild hin und her getauscht«, sagte Döbler-Schmitz und lehnte sich gegen eine Stahlanrichte, »das musst du dir mal überlegen! Ich habe gerade kurz mit dem Einkauf gesprochen«, sie senkte den Blick, und ich war sicher, dass sie nicht nur mit ihrer Einkäuferin, sondern auch mit Martina Schönhausers Einkäuferin gesprochen hatte. »Also, die wollen uns neu aufteilen, weil unser Seminarleiter den TV-Sales-Leuten und den Planern und dem Einkauf wohl auch ein Seminar verpasst hat. Und gesagt hat, weil die Deutschen so markenverliebt wären, müssten wir unbedingt mehr bekloppte Markennamen erfinden. Und weil der neue oberste Boss von HCS, ihr wisst schon, dieser Dr. Grey, den sie aus Amerika eingekauft haben, so gut mit unserem Seminarleiter kann, ist jetzt alles, was der sagt, quasi in Beton gegossen. Und, voilà, unsere Produkte bekommen neue Marken, neben ›Queen Mary‹ und ›Lufti-Kuss‹ usw. – und wir werden neu aufgeteilt, und wer keine Marke kriegt, muss gehen!«

Sie warf einen triumphierenden Blick in die Runde und nahm einen großen Schluck aus ihrem Sektkübel. Wir tranken alle einen großen Schluck, nur Sibylle nicht, ihr Glas war schon leer. Martina Schönhauser schenkte ihr freundlicherweise großzügig nach, bevor sie wie eine Viper auf Iris Döbler-Schmitz losschoss: »Und, hast du es endlich geschafft? Bekommst du meine Produkte, hast du mich unterboten, wo du genau weißt, dass ich in den Vertragsverhandlungen bin?« – »Spinnst du«, fragte Döbler-Schmitz zu Recht. »Erzähl mir doch nichts«, rief Martina Schönhauser und schüttete ihr Glas Sekt in die große Spüle der Prep-Küche aus, »ich weiß doch, dass du scharf auf meinen Job bist. Ihr seid doch alle scharf auf meinen Job und meine Gage!«, rief sie und blickte uns eine nach der anderen an.

»Vielleicht lässt du mich einfach mal ausreden«, sagte Iris Döbler-Schmitz und zeigte eine ihrer sympathischen Seiten, nämlich Vernunft und Sachlichkeit. »Ich will dir nichts, und ich kann dir nichts. Der Einkauf hat nämlich entschieden. Du behältst Lufti-Kuss, das Prinzessin-der-Lüfte-und-der-Düfte-Zeugs und vermutlich auch die Schaumkissen, Sibylle natürlich ›Queen Mary‹, so lange es das gibt, und deine Nachtvertretung, aber deine anderen Produkte, Handtücher, Putzlappen usw., laufen künftig unter ›Clean Star‹ – und gehören damit Birgit. Die wiederum muss ihre glatten Polyesterfummel an Andrea abgeben – und ich mach künftig alles Flauschige unter dem Namen ›Puschel de luxe‹ – übrigens auch all deine Hausanzüge, Andrea.«

»Waaaas?!«, ich fuhr hoch. »Wie hast du dir das denn an Land gezogen?« Iris zuckte die Achseln unter den neuen langen zu Locken gekrümmten Extensions, die ihre ehemals kurzen roten Haare verbargen und mit denen sie Martina Schönhauser am Kopf mehr ähnelte denn je. »Man befand offenbar beim Einkauf, dass ich die bessere Verkäuferin bin, da kann ich ja jetzt nichts für«, sagte Iris und trank ein Schlückchen. Diese Schlange! »Ach super«, sagte ich, »du hast da also wieder endlos angerufen, dich eingeschleimt und lieb Kind gemacht. Als Fachfrau habe ich selbstverständlich die Messen mit den führenden Haushaltstrends besucht«, äffte ich sie nach. »Beziehungen schaden nur dem, der keine hat«, sagte Iris und zuckte mit den Achseln. »Darauf trinken wir«, sagte Martina Schönhauser und schenkte allen nach, besonders Sibylle. »Nein, danke, ich muss an die Luft«, sagte ich, stellte mein Glas weg und verließ den Raum. Aus den Augenwinkeln sah ich gerade noch wie Martina Schönhauser heimlich erneut ihr Glas in die Spüle leerte.

Ich lehnte mich an die Studiowand, um die gerade erhaltenen Infos zu überdenken. Wir wurden also alle mal wieder neu sortiert, einer übernahm des anderen Produkte. Mal nach Marken, mal nach Qualitäten, mal nach Gutdünken. Das gab natürlich böses Blut. Die Kommandozentrale von HCS ignorierte das weitgehend. Wer zu viel Widerstand bot, wurde eben nicht mehr gebucht. Dies kam einer fristlosen Kündigung gleich, ohne Anspruch auf Abfindung natürlich. HCS konnte agieren wie ein mittelalterliches Feudalsystem, in dem wir als treue Vasallen, die den Bauern und dem Fußvolk Geld abpressten, nur einem Gebot zu folgen hatten: »Wer nicht für mich ist, ist gegen mich.« Die Studiotür öffnete sich, und unsere Wellnessexpertin steckte ihren hübschen Kopf heraus. »Wir müssen zum Verkabeln«, sagte Ingrid, »konzentrieren wir uns auf die Pyjama-Stunde.« Im Aufnahmeleiter-Eckchen roch es deutlich nach Alkohol. Horst Gänsel bemühte sich unschuldig zu gucken, und Sibylle hingen die Augen auf halb acht. Alle waren ein wenig aufgedreht und angeschickert, nur Martina Schönhauser und Iris Döbler-Schmitz wirkten sehr beherrscht und nüchtern. Gänsel bemühte sich, Sibylle hinter seinem Rücken zu verstecken. Die Gute hatte offensichtlich etwas zu viel getankt. »Habt ihr was getrunken?«, fragte Dragan misstrauisch. »Ein winziges Schlückchen«, gab Gänsel zu. »Ihr wisst doch, dass das total verboten ist im Studio?«, fragte Dragan. »Und was ist bei den Weinstunden?«, fragte Ingrid aufsässig. »Da sind die Moderatoren doch oft genug haxenstramm!?« – »Da müssen die ja saufen«, sagte Dragan lakonisch, da das Kind aber nun mal offensichtlich in den Brunnen gefallen war, gab er nach. »Reißt euch zusammen, Stefan ist euer Moderator, das wird eh nicht leicht und dann noch das ganze Neue, eine ganze Stunde ohne Unterbrechung mit allen Gästen und Produkten – hoffentlich geht das gut.« – »Ach klar«, sagte Gänsel, »alle sind ja jetzt ganz entspannt.«

Während wir unsere Mikrofone ansteckten und mit der Regie checkten, ob wir gut zu verstehen und die Akkus voll waren, keine Ohrringe gegen das Headset klapperten und kein dicker Pullikragen den Ton verschluckte, bog Product Coordinator Michael um die Ecke. Den kleinen Dicken konnte ich gut leiden, weil er einen feinen Humor hatte. »Hau ab, Stefan kommt gleich«, sagte ich, »wir haben eine Pyjama-Party.« – »Pyjama-Party mit Stefan, bah«, sagte Michael, der Stefan nicht leiden konnte. »Und sprich bitte anständig mit mir, ich hatte gerade ein Product-Coordinator-Seminar. Wir Helferlein werden jetzt auch alle geschult!«, rief er. »Kernkompetenzen steigern!« – »Und was haste gelernt?«, fragte ich. »Na, wir sollen immer fragen: ›Wie können wir Ihnen noch besser helfen?‹«, sagte Michael und lachte sich kaputt. »Wenn mich einer das fragen würde, würde ich sagen: ›Wenn Sie jetzt gehen würden, reicht das schon.‹« Er schmiss sich weg.

»Und hier, guck mal, Andrea!« Michael zückte ein gerahmtes Din-A4-Blatt, auf dem »Wir haben Großartiges geleistet« stand und in der Zeile darunter: »In Anerkennung und Dankbarkeit für fünf Jahre Mitarbeit an einer großartigen Vision«, mit den einkopierten Unterschriften der aktuellen Führungsspitze und von Dr. Grey. »Großartig«, sagte ich, »einfach nur großartig, hast du wenigstens eine goldene Uhr gekriegt?« – »Von wegen«, antwortete Michael, »nicht mal ein Bastelset. Mir aber egal«, er warf seine gerahmte Anerkennung für Fünf-Jahre-Großartiges-Geleistet achtlos in den Schrank, »für den Spaß, den ich hier hab, der ist eh unbezahlbar.«

»Irgendwie riecht es hier nach Alkohol«, Mark Mendel kam ums Eck, »na, mir egal, ich hab mir auch gleich eine Flasche Veuve verdient. Das war mal ein guter Tag.« Er lehnte sich zufrieden zurück. »Umso mehr«, sagte er leise zu mir, »da ich ja jetzt quasi Alleinverdiener bin.« – »Ach ja«, fragte ich, »ich dachte, du hättest eine GmbH mit noch so einem Verkaufsgenie, und ihr teilt die Beute?« – »Das war mal«, sagte Mendel und seine Miene verfinsterte sich, »der Vogel hat mich nach zehn Jahren Zusammenarbeit beschissen. Hat mir ein Phishing-Programm auf den Firmenrechner gespielt, sodass alle meine E-Mails in Kopie an ihn weitergeleitet wurden.« – »Warum?«, fragte ich, das war ja spannender als ein Krimi.

»Na, ich wollte mich von ihm trennen. Und da hat er versucht, an meine aktuellsten Lieferanten und Preise zu kommen«, sagte Mendel ungewöhnlich mitteilsam. »Und dann ist er zum Einkauf marschiert, um mich zu unterbieten, die Preise und Adressen hatte er ja jetzt.« Einen Moment lang sah Mendel traurig aus, menschlich enttäuscht und sogar sympathisch. Der menschliche Moment ging spurlos vorbei: »Aber die haben ihn abblitzen lassen. Die Lieferanten haben auch abgewinkt, die wissen, dass ich sonst woanders einkaufe. Der Typ ist raus aus dem Teleshopping-Geschäft. Und jetzt das Beste: Nächste Woche fahre ich mit einigen Einkäufern nach China, und wir lassen gemeinsam produzieren, HCS und ich. Dann kommt da keiner mehr zwischen den Einkauf von HCS und mir. Da passt kein Stück Papier mehr zwischen.«

Das Geschäft war hart, behaupten konnte sich offenbar nur der, der mit noch härteren Bandagen kämpfte. Je tiefer ich selbst in den Sumpf von Angst, Neid und Missgunst geriet, umso schwerer fiel es, eine moralische Grenze zu ziehen. Die Normen des geschäftlichen Handelns schienen in Auflösung begriffen, wer wollte da richten über mich, Tillmann D., Mendel, Döbler-Schmitz, Martina Schönhauser oder Ingrid? Wir alle kämpften um unsere Beute. Wir mussten kämpfen. Ich blickte auf meine Armbanduhr. Die Zeiger rückten vor und standen auf ›legendäre Pyjama-Party‹. Wir rückten unsere Mikrofone zurecht.

»So, hopp, hopp, Mädels«, sagte Dragan zu allen, auch zu Gänsel, der mit vergnügtem Gesicht, Sibylle untergehakt, um die Ecke unseres Aufnahmeleiter-Stübchens bog. »Eure Pyjama-Party geht los, Stefan teast schon an.« Wir standen alle auf, puderten uns noch mal die Nase und lackierten unsere Lippen. Leichte Aufregung machte sich breit, nur Sibylle wirkte sehr gelöst und entspannt.

Wir verließen unser gemütliches Aufnahmeleiter-Eckchen zum ersten Mal in der Gruppe und gingen durch unsere Potemkinschen Landschaften zum Pyjama-Party-Set. Für die Kameraleute, Product Coordinatoren und die Dekorateure von Sets and Props, an denen wir vorbeidefilierten, musste es aussehen wie ein Klassenausflug der Geschmacklosen, sämtlich gewandet in vielfarbige Plüschtrikot-Scheußlichkeiten, Pyjamas mit Elchen und Hausanzügen mit Tigerdruck. Moderator Stefan, der schon im Set stand, verdrehte die Augen und schlug sich die Hand vor die Stirn, während er ohne zu Stocken weiter das Anti-Falten-Bügeleisen anpries, das als Grafik gerade über den Sender ging.

Gänsel als Koch und Sibylle als Vertreterin des gehobenen Chics einer »Queen-Mary«-Teetasse waren die einzigen beiden unserer Gruppe, die man nicht gezwungen hatte, sich in optisches Grauen zu verwandeln. Sie blieben hinter der Kameralinie stehen, während wir Übrigen, etwa drei Meter von den Kameras entfernt, uns auf dem Doppelbett, an den Tischchen und vor der Anrichte drapierten.

»Hallo, herzlich willkommen liebe Zuschauer und Zuschauerinnen zu Hause an den heimischen Bildschirmen!«, begrüßte Stefan strahlend und nun auch endlich zu sehen, in die Kamera. »Heute hier bei HCS ein einmaliges Erlebnis, unsere Mädels aus der Mode- und Haushaltswarenabteilung feiern eine Pyjama-Party mit Ihnen, meine Damen, meine Herren, und nachher kommt auch noch unsere lieber Horst Gänsel und die Schwester der Queen – »Queen-Mary«-Sibylle, haha, und ich bin mir sicher, bei so vielen hübschen Frauen bleibt so mancher Herr auf unserem Kanal hängen.« – »Das ist richtig«, nickte Martina Schönhauser in alle Richtungen, außer in die von Döbler-Schmitz. Stefan verpasste ihr außerhalb der Sichtweite der Kamera einen kleinen Tritt gegen das Schienbein, damit sie die Klappe hielt. »God is a host«, dachten wir und ließen uns treten.

»Wunderbare Produkte haben wir hier, aber jetzt wollen wir erst mal anstoßen, nicht wahr, mit diesen wunderbaren »Queen-Mary«-Sektflöten mit der Rose am Stiel und den Blättern und den Ranken und den Steinchen, und was haben wir da noch alles, sind das Marienkäfer?«, sagte er und hielt fragend eine Art Bausatz hoch, in dessen Innern sich irgendwo ein Sektkelch verbergen musste. »Das ist richtig«, sagte Martina Schönhauser. Wir stießen alle an, tranken einen Schluck und glotzten blöd. Irgendjemand hatte echten Sekt statt Apfelsaft in die Gläser gefüllt. »Das ist ja echter Sekt«, rief Stefan. »Das ist richtig«, rief Martina Schönhauser.

Wir tranken alle weiter und füllten aus der Rosenkaraffe nach. Tatsächlich. Sekt. Unsere Gesichter röteten sich leicht, wir begannen zu kichern und uns ein bisschen zu schubsen. Die Pyjama-Party sollte schließlich echt aussehen und vor guter Laune, Witzchen und amüsanter Geschichten nur so krachen. »Vorsicht!«, rief Stefan, »nicht, dass hier noch einer vom Bett fällt!« – »Vom Bett fallen«, lachte Iris Döbler-Schmitz, »da breiten wir am besten unsere schönen weichen Lufti-Kuss-Schaumkissen auf dem Boden aus, dann kann nichts passieren.« – »Es sind nicht unsere, es sind *meine* Lufti-Kuss-Schaumkissen«, lächelte Martina Schönhauser aus ihrem Tigeranzug heraus die Leopardin Döbler-Schmitz an.

Ich hoffte inständig, dass sie ihre Krallen ausfahren und endlich übereinander herfallen würden, um sich gegenseitig das Kunsthaar vom Kopf zu reißen, aber Stefan vermasselte mir die Tour. »Aber meine Damen«, lachte der Prototyp des Schwiegersohns, »aber meine Damen, wir haben doch so herrlich viele Schaumkissen hier, in jeder Größe, in jeder Farbe, da ist für jeden ein Kissen da, aber natürlich, ich verstehe das, bei solchen Kissen, da will jeder gerne ›meins‹ sagen, wenn ich hier mal mit der 456 872 den Lufti-Kuss-Klassiker …«. Er begann den üblichen Verkaufssermon, kam allerdings nicht weit, weil Birgit in einer aus Anspannung und Sekt geborenen Laune Stefan das Kissen aus der Hand riss und eine fröhliche Kissenschlacht inszenierte. Alle lachten und schlugen sich spielerisch mit den Kissen. Ich schlug ein bisschen fester als nötig. Ich stellte mir vor, wie die Zuschauer beim Durchzappen mit offenem Mund bei uns hängen blieben und riefen:

»Petra, kommse ma ausse Küche, hasse sowat schon ma gesehen? Hol domma die Chantalle und dann sagste für die, so is dat, wenn man in der Schule nicht aufpassen tut, musste später so was machen.«

Stefan unterbrach unsere Kissenschlacht, indem er sich einen der leeren Bettbezüge griff und rief: »Und hier, mit der Bestellnummer 248 679, unser Bettüberwurf ›Marokkanischer Traum‹. In den Farben Pflaume-Seeanemone, Hibiskus-Rosé oder Sonnengelb-Terrakotta zu bestellen, da kann man nicht nur wunderbar die Lufti-Kuss-Kissen mit überziehen, nicht wahr Petra Berger, unsere Expertin für Bettwäsche, da kann man sich bei einer Kissenschlacht auch mal festhalten, nicht wahr?«

»Ja klar, hicks«, sagte Petra Berger, »die ist ordentlich reißfest, die Bettwäsche, und auch mit Anti-Pilling-Effekt ausgerüstet, dass die keine Knübbelchen bildet.« – »Ordentlich reißfest?« Stefan hatte einen Plan. Beidhändig riss er nonchalant an der Bettwäsche, die zwar leise und vorwurfsvoll krachte, aber standhielt. »In der Tat, die hält was aus, aber da machen wir doch jetzt den Härtetest!« Er inspizierte kurz unseren bunt schillernden angetrunkenen Haufen wie ein unzufriedener Feldwebel seine Truppen, suchte sich offenbar die größte Herausforderung für den Bettwäschetest aus und rief: »Liebe Iris Döbler-Schmitz, hängen Sie sich doch mal mit ihrem ganzen Gewicht an die eine Seite des Überzugs, und ich halte gegen, keine Angst.«

Döbler-Schmitz in meinem, künftig ihrem, Leopardengewand hing sich an die Bettwäsche »Marokkanischer Traum« in der Variante »Pflaume-Seeanemone«. Stefan lehnte sich in die andere Richtung, tatsächlich, die Bettwäsche hielt. »Das ist ja eine tolle Qualität!«, rief Iris Döbler-Schmitz, verlagerte ihr Gewicht, lehnte sich zurück und zog kräftiger. Stefan ließ einfach los. Der Effekt war verblüffend. Döbler-Schmitz überschlug sich rückwärts wie ein überlebensgroßer Kugelblitz aus Leopardenfell und landete auf dem Boden, wo ein großes Lufti-Kuss-Schaumkissen, überzogen mit rosa Troddeln im »Queen-Mary«-Design, ihren Sturz gnädig abfederte, sodass sie unbeschadet auf dem Linoleum ausrollte.

»Wuhahahaha!« Stefan hatte Spaß. Wir anderen krümmten uns ebenfalls vor Lachen. Die Kameramänner verzweifelten, sie wussten nicht mehr, wo sie »hinschießen« sollten, also was ins Bild nehmen: Stefan? Uns als kichernde Gruppe vielfarbiger Scheußlichkeiten? Oder besser die Bettwäsche »Marokkanischer Traum«? Oder gar zu Döbler-Schmitz, die empört zuerst ihr mächtiges Hinterteil aufrichtete, bevor sie sich mit den Händen vom Boden abstieß, was aussah wie eine Kuh, die von der Wiese hochkommt.

»Und wir begrüßen eine Anruferin«, rief Stefan enthusiastisch, wie wir es immer tun, wenn sich einer zu uns ins Paradies der Blöden durchstellen lässt. »Nor«, sächselte die Begrüßung durch die Leitung, auf unsere Studiomonitore und in Millionen Ohren auf der Couch, »isch höffe doch, die Dicke in dem Leopardenzeusch hat süsch nüsch wehjeton.« Jetzt musste ich doch wieder lachen – und zwar ganz schön viel. Der Kameramann zeigte mein gackerndes Gesicht mit der spitzen Nase in Großaufnahme.

Stefan blickte kurz eifersüchtig zu mir rüber. Er konnte es nicht leiden, wenn andere zu oft im Bild waren. Auf dem Preview-Monitor erschien das Bild von Kamera zwei: Stefan auf der vordersten Kante des Bettes sitzend, dahinter eine halbe Birgit, ein bisschen Petra Berger und im Anschnitt Corinna, die finster aus ihrem schwarzen Pyjama guckte. »Harhar«, lachte Stefan, »meinen Sie mit der Dicken etwa die Frau Döbler-Schmitz? Da haben wir uns mal ein kleines Späßchen erlaubt, was?«

Döbler-Schmitz bleckte die Zähne und streckte sich: »Alles gut, Frau Lehmann, auf so einer Pyjama-Party, da ist man halt etwas ausgelassen.« Sie schubste Stefan leicht und spielerisch, der daraufhin fast vom Bett flog. »Nor, nor«, lachte Frau Lehmann in der Leitung, »nü bloiben se mol olle froindlisch, nor, ober isch konn des bestätigen, isch hob och olles von Lufti-Kuss und den Marokko-Traum do, und das ist herrlisch weisch wie …« – »Weich wie deine Birne«, hörte ich leise den Kameramann murmeln.

»Jawohl, weich«, sagte Petra Berger und schob sich neben Stefan ins Bild, »und das ist ja auch so schön mit der Mikrofaser, weil viele haben ja eine so empfindliche Haut, und dann ist das so ein weicher Stoff! Gerade wir Blondinen haben ja oft eine empfindliche Haut.« Sie lächelte Stefan an. »Och«, sagte Stefan, »gilt das auch für falsche Blondinen?«

So was wie Stefan überlebt nur beim Teleshopping. In der freien Wirtschaft hätten sie ihn vermutlich schon vor ein Frauentribunal gezerrt und gezwungen, lebenslänglich als Hofnarr für betrunkene weibliche Kegelclubs aufzutreten. Wir spielten weiter Pyjama-Party. Die anderen Frauen giggelten und schwätzten über die Grammatik von Verona Poth, ob Lothar Matthäus seine neue Liebschaft auf dem Pausenhof kennengelernt habe sowie über das Liebesleben am englischen Hofe. Über so was reden Mädchen also auf Pyjama-Partys, dachte ich. Gut, dass man mich nie eingeladen hatte.

»Und nun«, hob Stefan erneut die Stimme, »freuen wir uns auf ein ganz besonders schönes Produkt, mit der 354 762 haben wir hier etwas, mit dem Sie, meine Damen, Ihre Schönheit erhalten können. Es ist das sogenannte ›Bügeleisen fürs Gesicht‹ von unserer Eigenmarke ›Likitrona‹, und ebenfalls von ›Likitrona‹ mit der 354 763 die ›Ionisierende Haarbürste‹, mit der dieses furchtbare Aufladen der Haare vermieden wird, oder liebe Wellnessexpertin Ingrid Boentgen?« Ingrid hob ihre schweren Lider und erklärte rasch und präzise, warum Schwachstrom im Gesicht die Faltenbildung mindern soll. Ich warf einen Blick auf den Platz hinter der Hauptkamera, an dem gerade noch Sibylle und Horst Gänsel gestanden hatten. Er war leer. Wo waren die beiden bloß wieder? Wie sich hinterher herausstellte, waren die beiden noch mal telefonieren.

»Gehen wir doch mal rüber zur Anrichte, liebe Ingrid, und vielleicht nehmen wir die liebe Petra mit«, rief Stefan und ging mit den beiden Frauen im Schlepptau zu der Anrichte, auf der neben den Abschminktüchern die ionisierende Haarbürste und das Schwachstromgerät lagen. Petra Berger zockelte hinter den beiden her, wie ein Todeskandidat, auf den der elektrische Stuhl wartet. Ingrid drehte ihr eine ionisierende Haarbürste in den flachen blonden Pagenkopf und legte Petra ein Tempo über die eine Gesichtshälfte, Petra verwandelte sich wieder in das Phantom der Oper, diesmal mit Stab auf dem Kopf.

Doch gerade als Ingrid ansetzte, Petras freie Gesichtshälfte mit Strom zu traktieren, um anschließend den Lappen zu lüften und den guten alten Vorher-Nachher-Trick vorzuführen, stolperten Horst Gänsel und Sibylle ins Set. »Jetzt wird es aber mal Zeit für den Schokobrunnen«, nuschelte Gänsel mit sichtlich Schlagseite, während sich Sibylle breit grinsend und still an die große Kaffeetafel setzte, die seitlich vom Bett stand und auf der der Schokobrunnen munter heiße Schokolade sprudelte, während appetitliche Bananen- und Erdbeerstückchen darauf warteten, eingetunkt zu werden. »Da nehmen wir jetzt ersma' Teller von ›Queen-Mary‹ da«, nuschelte Gänsel, marschierte Richtung Anrichte, nahm einen Stapel Porzellanteller heraus und verteilte sie großzügig und schwungvoll auf dem Tisch, wobei zwei über die Kante rutschten und klirrend zerbrachen. »Hupsala«, sagte Gänsel und bückte sich nach den Besen und Schäufelchen, die Corinna hätte noch verkaufen wollen. Gänsel ignorierte ihren Protest mit einem »Dafürsinsedochda« und bemühte sich schwankend, die Reste des »Queen-Mary«-Tellers aufzufegen, während Stefan »Moment mal«, brüllte und »Aber jetzt, lieber

Horst, machen wir doch erst mal das schöne Antifalten-Stromgerät!« – »Ach was«, rief Gänsel, »das kann man ja auch hier machen«, er wollte auf den Tisch hauen, schlug allerdings versehentlich gegen den Schokobrunnen, der daraufhin einen Teil seiner braunen Ladung über den Tisch vergoss. »Hupsala«, sagte Gänsel, während wir anderen angesoffen vor uns hin kicherten. Ingrid Böntgen, Petra mit Tempo über dem halben Gesicht und Stefan glotzten stumm auf den stolpernden Gänsel, der jetzt versuchte, die überfließende Schokolade mit der Bettwäsche »Marokkanischer Traum« aufzunehmen, wodurch sich der Farbton »Pflaume-Hibiskus« in den Farbton »Verdauungsstörung nach einer durchzechten Nacht« verwandelte.

Vor lauter Gucken und Staunen hatte Ingrid vergessen, dass sie die ganze Zeit über das Schwachstromgerät an Petras Wange gehalten hatte, die jetzt ihrerseits plötzlich mit einem spitzen »Aua« Ingrid von sich stieß und rückwärtstaumelte, wobei alle Haare, außer die in der Bürste aufgedrehten, durch den Strom in einem sauberen Neunzig-Grad-Winkel von ihrem Kopf abstanden, sodass sie dank des Bürstenstils aussah wie ein irres Einhorn. Geblendet von dem Taschentuch über ihrem einen Auge verlor sie die Orientierung, drehte sich einmal um sich selbst und fiel Richtung Schokobrunnen. Vielleicht wegen des Alkohols, der statt Apfelsaft in den Kelchen gewesen war, vielleicht aufgrund der Absurdität der Szene: Obwohl alles tierisch schnell ging, sah ich die Szene in Zeitlupe, eine Version von Matrix Reloaded bei »Alice im Wunderland«, Gänsels Katzengrinsen, das auf einmal in einem Schwall warmer Schokolade verschwand, Bananen, Apfel und Erdbeerstückchen, die fröhlich durchs Set hüpften, eine besoffene Sibylle, die sich mit einem Sprung vor dem umstürzenden Schokobrunnen retten wollte und zielgenau in die Anrichte sprang, woraufhin unzählige »Queen-Mary«-Tassen und -Teller ihr Leben ließen, Corinna, die den Moment nutzen wollte, um professionell zu wirken, ihre Schippchen und Schäufelchen hochhielt mit dem Ruf: »Da sehen Sie, was man wirklich immer braucht, da kann man nie genug von haben«, Birgit, die mit einem Lufti-Kuss-Kissen auf Stefan einschlug und zugleich deren Qualität anpries, Döbler-Schmitz, die sich still hinsetzte und die Hände faltete, und den Kameramann, der, von einem Lachanfall gebeutelt, die Kamera losließ und sich auf den Boden setzte, schließlich Stefan, der rief: »So ist das, wenn alles live ist«, und Martina Schönhauser, die nickte und sagte: »Das ist richtig.« Sie war übrigens die Einzige, die nüchtern wirkte.

Unserer Aufmerksamkeit entgangen war allerdings Einkäuferin Frau Braun, die hinter den Kameras gestanden hatte, mit uns zum Aufnahmeleiter-Eckchen zurückkehrte und uns die Standpauke unseres Lebens hielt, in der des Öfteren »Wenn ihr nicht alle darin verwickelt wärt, würdet ihr jetzt rausfliegen, wie kann denn so viel auf einmal schiefgehen« und »Hier riecht es doch nach Alkohol?« vorkamen.

»Das ist richtig«, sagte Martina Schönhauser, ging vor den Spiegel, zog ihre Lippen nach und trat versehentlich gegen Sibylles Tasche, die dort lag, woraufhin deutlich das Geräusch zerbrechenden Glases erklang. »Oh, Entschuldigung«, sagte Martina Schönhauser zu Sibylle, ihrer künftigen Nachtvertretung, »ich glaube, ich hab da was kaputt gemacht.« Sie rümpfte die Nase. »Ist das Alkohol?« Frau Braun kam raschen Schrittes näher und blickte in Sibylles offene Handtasche. »Tatsächlich, da ist ja eine Flasche Wodka drin«, sagte sie und musterte angeekelt Sibylle. »Deshalb riecht es hier so nach Alkohol.«

»Die gehört mir aber doch gar nicht«, rief die deutlich angetrunkene Sibylle, »die muss mir da einer reingetan haben!« Frau Braun musterte Sibylle mit einem schwer zu deutenden Gesichtsausdruck. »Nun, Sibylle, ich fürchte, da müssen wir noch mal drüber sprechen.« Übersetzt bedeutete das die fristlose Kündigung. Gänsel sprang heldenhaft in die Bresche. »Das ist mein Wodka, den nehm ich zum Kochen und hatte die Flasche nur kurz hier abgestellt, da muss die in Sibylles Tasche gerutscht sein!«, rief der freundliche Fernsehkoch. Doch das Urteil war längst gefällt, ich konnte es in Frau Brauns Augen sehen.

Ich sah Martina Schönhauser vor meinem inneren Auge in der Küche Sibylle nachschenken und selbst ihr Glas in den Ausguss leeren, schmeckte den Sekt statt Apfelsaft in den Kelchen im Set, sah Martina kurz vor unserem Aufbruch zur Pyjama-Party in der Ecke vorm Spiegel nesteln, dort wo Sibylles Handtasche lag, ich sah das Aufleuchten in Gänsels Augen, der ebenfalls seine Rolle in Martinas Spiel erkannte, der Mann, der gerne feiert, heute in der Rolle »der nützliche Idiot«, ich sah das alles und konnte nichts machen, nur schweigen und um meinen eigenen Job bangen. Nach diesem Abend sahen wir Sibylle nie wieder.

Dicke Weihnachtsmänner bei 35 Grad – Christmas in July

Die Pyjama-Party war ein grandioser Misserfolg, doch das Teleshopping-Leben musste natürlich weitergehen. Martina Schönhauser übernahm nach Sibylles merkwürdigem Abgang unter großem Seufzen, Stöhnen und Jammern wieder ihre Nachtschichten selbst, neidvoll beäugt von Döbler-Schmitz. Die Wochen zogen ins Land, und damit nahm das nächste Unheil seinen Lauf in Form einer der größten Absurditäten unseres Fernsehgeschäfts.

»Jetzt schon an Weihnachten denken!«, rief Moderator Jens Käferchen und schwenkte ein paar Christbaumkugeln in die Kamera, was insofern befremdlich war, als draußen ungefähr 35 Grad im Schatten herrschten. Nicht ungewöhnlich mitten im Juli. Ungewöhnlich waren dagegen der Kunstschnee auf der Anrichte im Schlafzimmer, die Engelchen über dem Bett und der winterliche Bettbezug, auf dem die ebenfalls festlich dekorierte Iris Döbler-Schmitz hockte. Solche Bilder möchte mitten im Hochsommer eigentlich keiner sehen. Unsere Zuschauer schalten trotzdem ein.

»Kinder, wie die Zeit vergeht«, brüllte Jens Käferchen unsere mehrheitlich erwachsenen Zuschauer an,

»heute ist der 24. Juli – nur noch ein halbes Jahr bis Weihnachten! Nur noch ein halbes Jahr bis Weihnachten! Und Happy Comfort Shopping, Ihr Verkaufssender, feiert deshalb ›Christmas in July‹, und Sie sind dabei!«, rief der fröhliche sportliche Jens Käferchen und zeigte mit einem Zeigefinger auf uns Zuschauer wie eine Persiflage des amerikanischen Uncle Sam: »We want you!«

Käferchen wandte sich nach rechts. »Da kauft man besser rechtzeitig Geschenke, auch mal ein halbes Jahr vorher, bevor man wieder dasteht auf den letzten Drücker, und dann ist alles so teuer! Oder, liebe Iris Döbler-Schmitz?« – »Das ist richtig«, sagte Döbler-Schmitz und entblößte ihr Gebiss.

Jedes Jahr am 24. Juli, mitten im schönsten Hochsommer, türmen sich bei uns im Studio Kunstschnee, Adventskränze und Engelchen auf den Anrichten, versperren Plastikchristbäume und Nikoläuse aus Pappmaschee den Weg, und die Produkte biegen sich unter der Last der Christbaumkugeln, während ein mürrischer dicker Security-Mann als Weihnachtsmann verkleidet durchs Set stolpert. Das kann einen schon krank machen. Allein der Anblick von Horst Gänsel mit Christbaumkugeln am Ohr würde mich bis in meine Träume verfolgen. Nie wieder würde ich unbeschwert Weihnachten feiern können, seit ich Teil dieser gigantischen Persiflage geworden war.

Ich beobachtete Moderator Jens Käferchen, der schwungvoll, frech und mit der richtigen Mischung aus Überheblichkeit und Charme, die unsere Zuschauer so lieben, das Schaumkissen als ultimatives Weihnachtsgeschenk anpries. Jens war schwul. Schwul passt aber nicht in die heile Welt ohne Sex und ohne Aggression, die wir unseren Zuschauern vorspielten. Daher hatte HCS Jens Käferchen ein inniges Verhältnis mit Moderatorin Lissy, einer dicken singenden, lachenden sympathischen Blondine angedichtet. Die beiden besuchten sich gegenseitig im Set, es gab Fotos Arm in Arm in der Hausgazette, mit der unsere Zuschauer viermal im Jahr beglückt wurden, und immer wieder schwärmte Jens auf der Mattscheibe von Lissy – und Lissy grüßte »ganz lieb« ihren Jens und winkte niedlich und mädchenhaft aus der Glotze. Unsere Zuschauer waren verzückt und schrieben innige Briefe und Karten über dieses reizende Paar. Briefe und Karten, die mit allerlei Tand und selbst gebasteltem Flitter verziert waren. Exponate unserer »Bastelexpertinnen«, die zu Weihnachten und Ostern ganze Tages-Events mit Kitsch und Tralala zum Ausschneiden und Aufkleben bestritten. Goldene und roséfarbene Herzen und Sternchen, Marienkäfer und Glücksklee zierten Umschläge mit einem Fensterchen aus Pappe zum Öffnen, in denen Porträts von Jens und Lissy prangten, Engelchen trompeteten in Goldflitter, Schmetterlinge zum Ausstanzen bewegten im Luftzug ihre Flügel, und auf manchen monitorgroßen Umschlägen prangten gar noch Bilder der restlichen Moderatorencrew pyramidal angeordnet, an der Spitze thronten stets der sportliche Jens und die blonde Lissy als Franzl und Sissi des Teleshoppings – mit dem kleinen Schönheitsfehler, dass unser König schwul war.

Die schönsten Briefe und Autogrammwünsche in Gold, Rosé und Zartblau zeigten Jens und Lissy uns manchmal im Aufnahmeleiter-Eckchen.

Ob im Hochsommer oder im Schnee: Das Schöne am Thema Weihnachten ist, dass man eigentlich jedes beliebige Produkt als »Geschenk« anpreisen kann. Somit war »Christmas in July« auch willkommener Anlass, einmal mehr Tillmann D. auf den Bildschirm zu holen.

Während wir anderen einfach durch den Vordereingang ins Gebäude spazierten, sah das bei unserem Megastar etwas anders aus. Wenn er im Sender zu tun hatte, konnte man durch die gläserne Kantinenwand mehrere dunkle schwarze Limousinen die Sicherheitsschranke passieren und in den Hof fahren sehen. Die S-Klasse-Wagen hielten direkt vor dem Treppenaufgang zu Verwaltung und Einkauf, anstatt, wie für uns Normalsterbliche üblich, ins Parkhaus zu fahren. Ein Sicherheitsmann im dunklen Anzug mit schneeweißem Kragen darüber, entstieg dann der Beifahrertür und blickte sichernd nach links und rechts, wodurch über dem schneeweißen Kragen eine gewaltige Halstätowierung in Form eines Skorpions aufleuchtete. Der Security-Mann öffnete den hinteren Schlag, und der schwarzen Limousine entstieg Tillmann D., meist in seinem grünen Jackett, das gegelte Haar in zwei Strähnen zu einer Doppeltolle aufgetürmt, schön wie eine schillernde Schmeißfliege. So geschah es auch an diesem Weihnachtstag im Juli.

Im Fernsehen teaste Moderator Jens Käferchen mit seinem bei den Frauen durchweg beliebten lausbubenhaften Lächeln endlich die sehnsüchtig erwartete »Schmuckstunde« mit Tillmann und der blonden Moderatorin Marina an. Moderatorin Marina entsprach leider den meisten Klischees einer Blondine. Sie hatte dicke Hupen und war zwar nicht dumm, neigte aber dazu, unmögliche Vergleiche zu ziehen. Wir haben eben kaum Zeit zu denken, bevor wir reden, das galt für Experten wie für Moderatoren und Moderatorinnen. Ich war gespannt, wie die beiden Plappermäulchen gemeinsam Schmuck verkaufen würden, und holte mir noch einen Kaffee. »Ist das nicht geil«, sagte ich zu meinen gemütlich in der Kantine vor sich hin lästernden Kolleginnen, »ich freu mich jetzt schon auf Marinas Sprüche beim Schmuckverkaufen.« – »Hach, stimmt«, sagte Birgit und bestrich ihre frisch gefeilten Nägel direkt neben ihrem Käsebrötchen mit Lack, »weißte noch, wie die Daniela einmal diese komische Super-Soft-Bettwäsche verkauft hat, da saß die Daniela mit Marina im Bett und sagte: ›Seit ich diese weiche Bettwäsche habe, die ist so weich, da kommt mir nichts Hartes mehr ins Bett!‹« Wir giggelten alle, bis auf Daniela, die empört rief: »Na und! Und Marina hat die Bettdecke genommen und gesagt: ›Die Bettdecke ist 1.80 auf 1.80, das können wir gleich mal nachmessen!‹« – »Ich erinnere mich«, rief Birgit prustend, »und du hast dann gesagt: ›Stimmt, es ist immer gut, wenn man im Bett ein Zentimetermaß dabei hat.‹« – »Und dann«, rief Daniela, die den sympathischen Vorzug hatte, über sich selbst lachen zu können, »hab ich die blöde Riesen-Bettdecke umgeschlagen und hab gesagt:

›Schauen Sie mal, so sieht das dann aus, wenn sie es mal französisch machen wollen.« – »Jetzt haltet doch mal die Klappe«, sagte Döbler-Schmitz, »guckt mal, der Tillmann D. kommt gerade mit seiner Schlägertruppe wieder aus der Verwaltung. Guckt mal, die Braun ist dabei. Und die gehen ins Studio.«

»Tatsächlich«, rief Daniela und zeigte erstaunt auf die Vorschau der kommenden Stunde, die gerade über den Sender ging, »eine Schmuckstunde von Marina und Tillmann D.! Macht der jetzt auch Schmuck in XXL? Ist so eine Halskette dann auch in Übergröße? Oder meinste, der hat auch Klunker für dünne Frauen?«, rätselte Daniela. Wir überließen sie ihren Überlegungen, holten uns noch eine Portion Esswaren, meckerten über unsere Taillen und schauten uns Tillmann D. und Marina auf dem Kantinenfernseher an.

»Herzlich willkommen hier bei HCS zu ›Christmas in July‹!«, rief Marina bis dahin fehlerfrei. »In sechs Monaten ist schon Weihnachten, und da freuen wir uns, Sie zu begrüßen, daheim, zu einer wunderbaren Schmuckstunde mit unserer noch wunderbareren Stil-Stil-Silikone Tillmann D.!« – »Ha!«, sagte Birgit begeistert. »Sie hat ›Silikone‹ gesagt. Das gibt Ärger!« Wir giggelten alle. Selten waren wir uns so einig wie beim gemeinsamen Lästern.

Tatsächlich. Die Diva des Senders, Tillmann D., schien verärgert. Verschnupft übernahm er das Wort und gab es fünf Minuten nicht mehr her, da konnte Marina Luft holen, stupsen, heimlich unterm Pult zwacken und in die Kamera lächeln wie sie wollte, Tillmann D. quatschte einfach weiter. Schließlich unterbrach Marina rigoros Tillmann D., der daraufhin mit einem schelmischen Lächeln ein paar wagenradgroße Ohrringe hochhielt, die im Licht der Scheinwerfer in allen Regenbogenfarben der Plastiksteine funkelten. »Herrlich«, rief Marina, »wunderbar. Dieses Tillmann-D.-Collier, eine wunderbare Arbeit, ein bisschen grob behauen, mit dem beschichteten Silberimitat, chromnickelfrei und so brachial, es erinnert mich an Südamerika, nicht wahr, da haben die doch auch so Schmuck gemacht, früher, die südamerikanischen Ureinwohner, wie hießen die noch mal, ach ja, das Volk der Imker.«

Unsere Stimmung in der Kantine erreichte ihren vorläufigen Höhepunkt. »Aber jetzt, liebe Zuschauer, bevor es hier wunderbar funkelnd weitergeht, darf ich Ihnen ganz kurz unser Highlight der kommenden Stunde ›Praktische Geschenktips‹ zeigen: die Saftpressen unserer Marke ›press and drink‹.« Marina kam hinter dem Schmuckpult vor und ging zu einem Nachbartisch, auf dem ein Berg farbig sortierter Plastikschrott auf Käufer von jenseits der Mattscheibe wartete. »Sehen Sie doch mal!«, rief die motivierte Moderatorin empathisch. »Ist das nicht wunderbar – und diese Farben, wie die leuchten, sehen Sie hier: ›Terrakotta‹, ›Sonnengelb‹ und ›Apfelgrün‹«, rief Marina, um schließlich ein lilafarbenes Exemplar nach vorne zu zerren und freudestrahlend zu verkünden: »Und jetzt zeige ich Ihnen meine Pflaume!«

Etwa fünf Minuten konnten wir der Verkaufsshow nicht mehr folgen, weil wir lachend auf dem Tisch lagen.

Als wir uns wieder erholt hatten, stand Marina wieder neben Tillmann, der wagenradgroße Klunker-Ohrringe trug, wie sie manchmal amerikanische Gangster-Rapper tragen oder eben deutsche Teleshopping-Stars mit halstätowierten Wachmännern. »Lieber Tillmann«, sagte Marina, »was für herrliche Ohrringe, wunderschön, machen Sie doch mal Ihren Pony ein wenig zur Seite, dass wir die Klunk … äh … Ohrringe noch ein wenig besser sehen können!« Tillmann D. erstarrte und sagte zu unser aller Erstaunen gar nichts. Dann schob er mit einer zögernden Bewegung eine Haarsträhne seines blondierten Haares vorsichtig zurück, nur so viel, dass gerade eben das Ohrläppchen zu sehen war. »Vielleicht das ganze Ohr«, rief Marina erwartungsfroh und fantasierte über das Ohr als erotischen Blickfang. Tillmann D. verzog angewidert von so viel Schwachsinn leicht die Lippen, ließ die Haarsträhne jedoch genau dort, wo sie sich befand, und zog sie keinen Millimeter höher über die Ohrmuschel. »Was hat er denn«, sagte ich, »wieso zeigt er sein blödes Ohr nicht richtig?« – »Ihr seid doch alle vernagelt«, seufzte Iris Döbler-Schmitz, »der hat sich gerade das Gesicht frisch straffen lassen und frische Nähte über den Ohren. Ich hab's gestern zufällig in der Anmeldung gesehen, als der beim Reinkommen die Haare hinter die Ohren strich.« – »Och echt«, sagte Martina Schönhauser, »also man kann ja sagen, was man will, aber er sieht super aus. Auch mit Nähten.«

Mein Blick fiel auf Ingrid Böntgen. »Hey, du Wellnessexpertin, wer hat eigentlich außerhalb von unserem

Sender je von Wellnessexperten gehört?« – »›Wellnessexperte?‹« – »Hm. Hört sich ein bisschen nach Edelnutte an«, sagte ich vergnügt, um Ingrid zu erheitern. »Wir sind Nutten«, sagte Birgit seufzend und malte sich ein zweites Gesicht, nachdem das müde Faltige unter einer Schicht Make-up verschwunden war. »Wir sind Nutten, und wenn's den Umsatz steigert, verkaufe ich den Scheiß auch nackt.« Wir nickten alle. Wir wurden nach nichts anderem bewertet als nach unserem Umsatz. Manche »draußen« nennen das unmenschlich. Aber auf eine Art finden wir es ehrlich. Auf die verlogene Menschelei im »normalen« Geschäftsleben, Gute-Freunde-Getue, Schulterklopfen und Weiter-so-Parolen kann ich zum Beispiel prima verzichten.

Wer nicht spurt, kommt ins Klassenbuch – Denunziation unter Teleshoppern

Auch ich sollte noch meinen Weihnachtsauftritt haben, und der hatte es in sich.

»›Christmas in July‹«, rief Moderator Klaus Poppel, »nur noch sechs Monate bis Weihnachten! Kinder, wie die Zeit vergeht, was? Und Sie, meine Damen und Herren zu Hause, bequem auf Ihrem Sofa – Sie können hier nicht nur einfach bequem einkaufen – nein, unsere Experten können Ihnen richtig was erzählen zu dem Produkt. Was kann man alles lernen von unseren charmanten Experten und Expertinnen wie Andrea«, lenkte mich Moderator Klaus Poppel ins Set. Ich war nicht ganz bei der Sache. Poppel trat mich außerhalb des Fernsehbildes gegen den Knöchel und zwang mich zurück in seine unsympathische Gegenwart. »Die Andrea, liebe Zuschauer, die uns hier mit ihrer tollen Modelinie ›Armaron‹ immer wieder neue geschmackvolle Outfits präsentiert.« Da er selber nicht im Bild zu sehen war, sondern nur mein lächelnder Kopf über Millionen Fernsehbildschirme flimmerte, erlaubte sich Poppel die Augen zu verdrehen und mir ein Vögelchen zu zeigen. Ein Ausbund an Charme und Verbindlichkeit. Ich hätte ihm gerne die Zunge rausgesteckt, war aber leider formatfüllend im Bild. »Sehe ich das richtig, liebe Andrea, dass Sie selbst heute kein ›Armaron‹ tragen, warum das denn nicht? Zu warm?«

Natürlich. Dieser Idiot wollte mir gleich eins auswischen. Vermutlich dachte er, ich wäre zu spät gekommen und hätte keine Zeit mehr gehabt, mich umzuziehen. »Lieber Klaus«, sagte ich und zeigte sämtliche 32 Zähne, mit denen ich ihn am liebsten gebissen hätte, »heute, da habe ich etwas ganz Besonderes – die Herrenlinie von ›Armaron‹, wunderbare Bademäntel – das perfekte Weihnachtsgeschenk nebenbei für den Gatten, den Sohn, den Enkel, den Freund. Sportlich, funktional, wunderbar.« Ich erlaubte mir, ihn außerhalb des Bildes ein kleines bisschen zu treten. Poppel guckte mich an, als wolle er mich umbringen. »Lieber Klaus«, sagte ich, »gerade heute habe ich so wundervolle Weihnachtsgeschenke …« Ich glaube, nie ist das Wort »Weihnachten« so oft missbraucht worden wie beim Teleshopping. Klaus Poppel trat heimlich zurück, diesmal, damit ich die Klappe hielt. Ich hätte meinen linken Arm dafür gegeben, ihn schlagen zu dürfen. »Und nun, meine Damen, meine Herren zu Hause an den Bildschirmen: die Vorschau der kommenden Stunde.«

Poppel laberte fünf Minuten lang, während die Regie Bild um Bild auf den On-air-Monitor warf, Produkt um Produkt unserer Stunde, anteasen nennt man das. Ich gähnte und stützte mich leicht auf eine der Männerbüsten auf, auf denen Herrenbademäntel in Blau-in-Blau mit Streifen und Rot-in-Rot mit Karos auf ihre neuen geschmacklosen Besitzer warteten. Poppel warf mir einen strafenden Blick zu. Wie konnte man nur gähnen, wenn Poppel in seiner überexaltierten, aufgesetzten, gewollt aber nicht gekonnten lockeren und witzigen Art plauderte. Ich gähnte gleich noch mal ausgiebig und stützte mich leicht auf die Büste. Hinter der Kamera gab mir Product Coordinator Michael wilde Zeichen, einen Schritt zur Seite zu gehen. Vielleicht war ich ja aus dem Bild getaumelt. Ich folgte ihm. Früher hätten wir jemanden wie Poppel in der Pause ins Klo gesperrt. Ich trauerte ein wenig den alten Zeiten hinterher, liebäugelte mit unserer wasserlosen Toilette im Badezimmer-Set, stellte mir Poppel kopfüber darin vor und überlegte, wie ich es wie einen Unfall aussehen lassen könnte.

Auf dem Monitor, der zeigte, was Millionen Menschen sahen, schillerte Tillmann D. nunmehr in einem kurzen Werbespot auf und sagte sein übliches Sprüchlein:

»Weiblichkeit ist immer schön, auch und gerade in der Übergröße. Seien Sie schön. Seien Sie weiblich. Seien Sie Mata Hari.« Was ein unglaublich sinnfreier Werbespruch war, wenn man mal überlegt, was mit Mata Hari passiert war. Als angebliche Doppelagentin eingesperrt und hingerichtet. Aber vielleicht wäre das das gnädigere Schicksal gewesen gegenüber einer Modestunde mit Tillmann D.

Poppel lenkte mich ab, in dem er mich leicht zur Seite schubste, sich hinter eine meiner Büsten mit den Herrenbademäntel stellte, darüber guckte und meckerte, dass die Büste zu hoch sei, man könne seinen Kopf nicht sehen. Woraufhin der Kameramann lakonisch sagte: »Die Büste ist nicht zu hoch, du bist nur zu klein.« Tillmann D. verschwand vom On-air-Monitor. »Drei, zwei, eins … ON!«, rief ein unsichtbares Stimmchen, und das rote Licht an der Kamera ging wieder an. Poppel schubste mich. Langsam wurde das zur Gewohnheit. Ich hatte alles andere als weihnachtliche Gefühle von Friede, Liebe und Vergebung. Ich bereitete mich darauf vor, etwas zu sagen, trotz anschwellendem Hals. Das hätte ich mir allerdings schenken können, denn Poppel quatschte ohne Unterlass, mich ignorierend. Er beugte sich über die Schulter des mittleren roten Bademantels, den die Kamera daraufhin formatfüllend ins Bild nahm, inklusive Poppels Kopf, seitlich im Bild schwebend wie ein hässlicher Luftballon. »Dieser Bademantel, das ist … öh … Heinz, für mich«, sagte Poppel und ich fragte mich zum wiederholten Mal, was dieser Mann für Drogen nahm.

»Nun«, sagte ich, langsam und bemüht die Situation zu retten, »also wenn dieser Bademantel einem Typ Mann entspricht, dann ist es britischer Style, Sherlock Holmes, der Mann mit der Pfeife.« Ich streichelte bewundernd über den roten Stoff. Irgendeine unserer Zuschauerinnen, denn bei uns shoppen vorwiegend Frauen, würde jetzt hoffentlich das Ding kaufen, in dem Irrglauben, ihr langweiliger Mann würde sich darin in Sherlock Holmes verwandeln.

Um seine Männlichkeit, sein Fachwissen und vor allem seine Dominanz unter Beweis zu stellen, stellte Poppel mir einen Haufen bescheuerter Fragen, die ich offensichtlich anders als erwartet beantwortete. Er ging einen Schritt aus dem Bild und schlug sich vor die Stirn.

Mit das Schwierigste an unserem Job sind eitle Moderatoren. Poppel, das Streberlein, war der Lehrer, der mich abfragen wollte, statt mir Bälle zuzuwerfen. Denn hier gibt es nur einen wahren Experten, und das ist Klaus Poppel himself, und zwar für alle Produkte – und das weltweit. »Was ist denn der Vorteil von diesem Bademantel?«, fragte Poppel bemüht. Man spürte, dass er eine bestimmte Antwort erwartete. Ich zählte vier, fünf Argumente auf, schwärmte von der Pflegeleichtigkeit der Faser, ihrem geringen Gewicht, der hohen Qualität, dem geringen Faserabrieb beim Waschen, der Langlebigkeit der Farben. Poppel lauschte mit für die Zuschauer unsichtbarem, genervtem Gesicht und drehte während meiner Antworten, außerhalb des Bildes auffordernd mit der rechten Hand, damit ich schneller redete.

Immerhin gingen meine Antworten ja von seiner Zeit ab. Poppel wollte zwar Umsatz generieren, aber möglichst alleine. Auch die Moderatoren sind ständigen heimlichen Überprüfungen unterworfen, von denen die Höhe ihrer Boni, manchmal aber auch nur die Verlängerung ihres Arbeitsvertrages abhängt. Manche Moderatoren versuchen daher, alleine möglichst unersetzlich und umsatzstark zu wirken. Bei anderen Moderatoren ist es die schlichte Eitelkeit, die dazu führt, dass sie uns »Gästen« kaum Redezeit zugestehen. Sie halten sich für argumentativ besser, einmalig, witzig, unersetzlich. Es gibt wenige Moderatoren, mit denen man sich wirklich gut die Bälle zuwerfen kann, um so auch dem Zuschauer ein entspanntes Bild zu bieten, zwei Menschen, die sich über ein Produkt unterhalten, eben »Backyard-Selling« im besten Sinne. Der Kampf zwischen Gast und Moderator um Redezeiten führt im schlimmsten Fall dazu, dass der Zuschauer jeweils von einem der beiden angeschrien wird. Das ist dann im Grunde genommen amerikanisches Verkaufsfernsehen, das sich schlecht kopiert auch bei manchem deutschen Verkaufssender wiederfindet.

Ich führte das Argument der umweltfreundlichen Textile an, was bei einem Erdölprodukt natürlich reiner Blödsinn war. Poppel schlug mir leicht gegen den Oberschenkel. Das letzte Mal hatte er mir auf den Fuß getreten. Beides bedeutete: »Hör auf zu reden.« Ich war kurz davor, ihm eine zu knallen und kochte vor Wut. Poppel fragte mich wieder nach dem besonderen Vorteil des Mantels und verdrehte bei jeder meiner Antworten die Augen gen Himmel wie bei einer minderbemittelten Schülerin. Mir reichte es. »Sagen Sie mir doch einfach, worauf Sie hinauswollen, Klaus«, sagte ich, »das macht es für uns beide einfacher.« Poppel starrte mich ungläubig an, lächelte verkrampft und sagte irgendwas, das im Rauschen des Blutes in meinen Ohren unterging.

Michael zeigte auf den blauen Bademantel. Ich berührte den blauen Bademantel und wollte etwas sagen. Poppel fuhr mir in die Parade, stellte sich hinter die Büste, legte die Hände auf die Schulterpartie des Bademantels und laberte los. Unter seinem Gewicht brach die Büste unvermittelt mit Getöse in sich zusammen.

Der Kameramann, Michael und Horst Gänsel, der nebenan im Küchenset vor sich hin wurstelte, bekamen einen Lachanfall. Michael hatte offensichtlich die Büste angesägt. Poppel stand mit puterrotem Gesicht im Set und stammelte irgendwas von »Alles live hier«. Ich konnte nicht lachen. Ich war zu wütend.

Kaum erlosch das rote Licht, ging ich, ohne auf Poppels »Andrea, ich muss mit dir reden, so geht es nicht, und was war das denn für eine blöde Büste …« zu reagieren, in Richtung Prep-Küche. Ich musste einen Moment alleine sein. Zum Glück war die Küche still und leer. Ich lehnte mich an die großen Edelstahlspülbecken, lauschte dem beruhigenden Rauschen der Spülmaschine und kühlte meinen Puls an den kühlen Becken.

Das war gründlich schiefgegangen, und es war mir klar, was das wieder für Konsequenzen haben würde.

Poppel war sicher schon auf dem Weg, um ins »Recap« zu schreiben, dass ich, die Expertin, ihn bloßgestellt hätte, keinen Armaron-Anzug trug und schlecht vorbereitet war. Das »Recap« ist sozusagen das Klassenbuch beim Teleshopping. Und das besonders Gemeine daran ist: Wir Experten dürfen nichts schreiben. Nur die Moderatoren und die Festangestellten liefern ihre Berichte an die hausinterne Stasi, also den Innendienst von HCS, und raten Sie mal, wer dann meist an allem schuld ist. Es wird also keineswegs mit gleichen Waffen gekämpft, sondern das System sieht die Möglichkeit zur Denunziation nur für eine Seite vor. Irgendwann wird vielleicht der Tag kommen, an dem ich in der »Recap«-Behörde meine »Recap«-Akte beantragen kann. Die Folge eines solchen Eintrags: Ich würde wieder einbestellt werden beim Gästetrainer und mir einiges anhören dürfen vom Miteinander beim Verkauf. Vermutlich würde auch mein unkooperatives Verhalten in dieser Akte vermerkt. Wenn sie mir nicht gleich die Kündigung gaben.

Ein anderes Bewertungsinstrument war das Appraisal. Das hatte die Geschäftsleitung einfach mal aus den USA übernommen, wo es bereits absolut üblich war. »Appraisal« bedeutet nichts anderes, als dass jeder Moderator, jeder Experte stichprobenartig bewertet wurde. Natürlich, ohne vorher zu wissen, wer wann auf dem Schafott stand. Die Begründung für diese weitere Schikane war im üblichen Managersprech abgefasst. Die Appraisals sollten die »Prozesse verbessern«. Jeder von uns hätte sicherlich eine ganze Menge Ideen gehabt, wo man da anfangen könnte. Von der Bewertung in den Appraisals und dem erzielten Umsatz hingen auch die Boni der Moderatoren ab, wie mir ein Moderator heimlich steckte.

Mendels Apokalypse. Oder: irgendwann trifft es jeden

Ich versuchte, mich von der Pleite des Bademantel-Sells mit Poppel abzulenken und ließ meinen Blick durchs Studio wandern. Am anderen Ende präsentierte gerade Ingrid Böntgen an einem unschuldigen Modell ihr Gesichtsbügeleisen mithilfe des berühmten Taschentuchs über der einen Gesichtshälfte.

Ich wartete bis Ingrid ihren Sell beendet hatte und im benachbarten Set die Anti-Paras-Dame wieder eine Playmobil-Stadt mit Agent Orange für Insekten vernebelte. Ich wartete auf den Tag, an dem es Anti-Paras in Form einer Minineutronenbombe geben würde. »Hey, wie geht's«, fragte ich Ingrid vorsichtig. »Och, ganz okay«, sagte Ingrid und packte ihre Bügeleisen und Dekorationsartikel auf den Rollwagen, mit dem die Helferlein die Produkte wieder ins Lager karren würden, während ein sichtlich erleichtertes Model, eine Gesichtshälfte reibend, an uns vorbeistakste. »Du siehst ja, ich hab immerhin noch einen Job, auch wenn Mark weniger zahlt als HCS.« – »Was ich nicht verstehe«, sagte ich langsam, »wir haben jetzt 22 Uhr. Das ist doch eine gute Stunde für HCS. Nach dem Abendfilm zur Primetime zappen doch viele Zuschauer noch mal bei uns rein.« – »Ja und?«, fragte Ingrid, wie mir schien, besonders begriffsstutzig. »Na ja, ich dachte, das Faltenbügeleisen kriegt keine guten Stunden? Weil es doch zu spät geliefert wurde? Deshalb hat HCS dir doch geraten, über Mark zu gehen. Der sollte das in seinen Stunden mit verkloppen? Und jetzt sehe ich dich dauernd alleine in guten Stunden mit dem Faltenbügeleisen, das auch noch gut läuft!?«

Ingrid zuckte mit den Achseln, löste mit dem Fuß eine Bremse und rollte einen gynäkologischen Stuhl aus dem Set, auf dem das Model während der Faltenbügeleisenbehandlung gehockt hatte. Den gynäkologischen Stuhl setzen wir viel ein, wenn es gilt, einem Produkt einen medizinischen Anstrich zu verleihen. Sogar beim strassbeklebten Hornhauthobel. Ingrid drehte den Stuhl prüfend, ließ sich darauf fallen, zupfte sich den Businessrock über die Knie und sah mich lange an.

»Weißt du, Andrea, in dem Moment, in dem das Produkt quasi Mark gehörte und nicht mehr mir, hat sich das alles noch mal ein wenig geändert. Man könnte es so ausdrücken: Der Einkauf vertraut Mark halt ein wenig mehr als mir. Und auf einmal gab es auch wieder Platz in guten Stunden.« – »Man könnte es auch so ausdrücken«, sagte ich zornig und schlug mit der flachen Hand auf den Rollwagen, »das riecht nach klarer Bevorteilung von Mark Mendel! Die raten dir, zu ihm zu gehen, damit du mit schlechten Stunden nicht untergehst und auf deinem Faltenwegmacher sitzen bleibst, und kaum hat Herr Mendel das Produkt, läuft es in guten Stunden brillant, und alle verdienen sich eine goldene Nase, nur du, die die Idee hatte, nicht mehr!« – »Mark hat halt einen guten Stand hier«, sagte Ingrid. »Und einen sehr guten Draht zum Einkauf. Wie und warum – das wäre jetzt rein spekulativ. Und du weißt ja, Andrea«, sie stand auf, »ich kann nicht die Hand beißen, die mich füttert. Und wenn man mal ehrlich ist – es war ja nicht mal meine Idee. Ich habe meinen Lübecker Lieferanten ausgebootet, und jetzt hat mich halt der nächstgrößere Fisch geschluckt.«

Sie bedeutete einem Helferlein von Sets and Props, den Stuhl zurück ins Materiallager zu bringen. Dann zögerte sie kurz und blickte mich lächelnd, fast seltsam vergnügt an: »Aber ich sage dir, jeder bekommt, was er verdient. Wünsch dir viel Glück mit deinem Tagesangebot, wir sehen uns morgen!« Sprach's und verschwand. Nachdenklich blieb ich einen Moment stehen. Ingrid hatte erstaunlich gute Laune gehabt, für die frische Enttäuschung, die sie erlitten hatte.

Der Grund dafür wurde mir klar, als ich Mendel beim nächsten Sell zusah. Er, der sonst immer bis über beide Backen strahlte, zeigte ein erstaunlich langes Gesicht. Noch nie hatte ich diesen kleinen Geschäftsmann, diesen Winkelzügler und Überall-seine-Finger-drin-Haber so verkniffen gesehen. Mendel hantierte mit neuen Gartenzwergen, deren Zipfelmützen mittels Solartechnik im Dunkeln leuchteten und die kleine Schilder in der Plastikhand hielten, die man mit »Herzlich Willkommen«, »Guten Tag« und »Auf Wiedersehen« programmieren konnte. Vielleicht hatten die Vorgängermodelle, die per Bewegungsmelder »Hallo« oder »Auf Wiedersehen« gesagt hatten, doch zu viele Menschen erschreckt. Mendel hatte eine Armada dieser Zipfelmützen-Leuchter in einem künstlichen Vorgarten dekoriert, inklusive Gartenzaun, Miniteich und grünem Plastikrasen, auf den er seine künstlichen Kumpels stellte. Im Hintergrund stand, etwa zwei Meter hoch, eine ausgesägte Hausfront, aus Latten und Pappe zusammengeschustert, liebevoll mit beleuchteten Fensterchen bemalt und Qualm aus Watte auf dem ausgesägtem Schornstein dekoriert.

Mendel war ein wahrer Meister der Illusion. Seine Umsätze und sein Status als Lieblingslieferant rührten nicht zuletzt daher, dass er keine Mühen scheute, dem Zuschauer zu Hause ein perfektes Bild zu liefern. In dieser kleinen Hobbit-Welt sahen die blinkenden, lächelnden Gartenzwerge niedlich aus, ja fast ertappte ich mich bei dem Gedanken, dass so ein Willkommen blinkender Zwerg doch auch mein Heim in eine Oase der Kreativität und Behaglichkeit verwandeln würde. Dann fiel mein Blick auf einen der Gartenzwerge in seinem Pappsarg, der mit fünfzig anderen Pappsärgen mit Gartenzwerg-Kumpeln auf dem Rollwagen aus dem Lager stand. In der Schachtel sah der Zwerg jetzt eher aus wie Chucky, die Killerpuppe. Genau aus dem Grund verkaufte Mendel so brillant. Er verkaufte nicht nur das Produkt. Er verkaufte eine ganze Illusion.

Mendel war gut. Seine Umsätze waren berauschend. Jetzt hatte er sich auch noch das Faltenbügeleisen und die Arbeitskraft von Ingrid Böntgen unter den Nagel gerissen. Trotzdem sah er unzufrieden, ja nachgerade stinkwütend aus. Was war nur los?

Gänsel war hinter mich getreten. Wir konnten uns nur flüsternd unterhalten, weil Clarissa zu Mendel und seinen Gartenzwergen auf den Kunstrasen getreten war und der Sell begann. Clarissa entblödete sich nicht, einen Gartenzwerg auf den Arm zu nehmen und mit ihm zu kuscheln, ja sogar ein Küsschen auf die Plastiknase zu drücken. »Darauf steht sie also«, sagte Gänsel entzückt. Ich schubste ihn weg. »Was ist mit Mark los«, fragte ich. »Der zieht ja ein Gesicht zum Steinerweichen, wenn die Kamera ihn nicht gerade in Nahaufnahme zeigt.« Gänsel zog ein spitzes Mündchen. »Mit dem brauchst du kein Mitleid zu haben. Der hat hier jahrelang ein super Leben gehabt und astronomisch viel Geld verdient. AS-TRO-NO-MISCH. Der konnte sehr gut mit der Einkäuferin. Sehr gut. Man munkelt, die Einkäuferin hätte die Hand aufgehalten und Mendel dafür alle Aufträge zugeschanzt«, murmelte Gänsel. Ich staunte ein wenig. »Echt?« – »Wie gesagt, nur Gemunkel, Gerüchte, nichts Genaues weiß man nicht, die einen sagen so, die anderen sagen so«, zählte Gänsel detailliert sämtliche Ausdrücke für unbewiesene Behauptungen auf und zuckte mit den Achseln. »Auf jeden Fall ist die Einkäuferin wohl vor ein paar Tagen ziemlich überstürzt gegangen worden. Und dann kam Mendel auf dem Prüfstand. Und auf einmal merkt die Chefetage und der gesamte Krimskrams-Einkauf, also die Kollegen von der Tante, dass seine Gartenzwerge und der ganze andere Chinaschrott ziemlich überteuert ist.«

Vor meinem inneren Auge erschien das Bild von Wellnessexpertin Ingrid beim Verkauf der Faltenbügeleisen, die jetzt Mendel gehörten und die Ingrid auf seine Rechnung für ihn verkaufen musste. Ihr Lächeln, fast seltsam vergnügt: »Aber ich sage dir, jeder bekommt, was er verdient.« Diese erstaunlich gute Laune, trotz der frischen Schmach von der eigenständigen Geschäftsfrau zu Mendels Helferlein degradiert worden zu sein und dafür noch dankbar sein zu müssen, überhaupt einen Job zu haben.

»Und jetzt kommt das Gemeinste«, sagte Gänsel, »weißt du noch, wie Mendel vor ein paar Wochen erzählt hat, dass HCS mit ihm nach China einkaufen gefahren ist? Angeblich, damit er noch genauer auf die Bedürfnisse von HCS zugeschnitten produzieren lässt? Hat damit geprahlt, dass keiner mehr zwischen ihn und den Sender kommt, kein Blatt Papier mehr dazwischenpasst.« – »Ja«, sagte ich nachdenklich. Gänsel hob die Hände in einer Geste, als würde er den Globus nachzeichnen. »Auf jeden Fall war das hier bis vorgestern Mendels Planet, und Gott war ein Einkäufer. Aber nun pass auf: Das Imperium schlägt zurück, und was ist wohl gestern passiert?« – »Du redest wirr, mach hin«, drängelte ich gespannt, »was ist gestern passiert?« Gänsel ließ sich Zeit.

»Na was wohl – was macht das HCS-Managerpack, das sich ausschließlich für Profit interessiert? Nutzt die Kontakte der letzten Chinareise mit Mendel und lässt jetzt bei seinen Lieferanten auf eigene Rechnung höhere Stückzahlen und damit noch preisgünstiger produzieren. Mendel hat sich sozusagen selbst ins Aus manövriert. Sie nehmen ihm seine Gartenzwerge nicht mehr ab. Er verkauft jetzt nur noch die letzten Chargen aus den alten Verträgen. Und in ein paar Wochen verkauft er die Gartenzwerge von, für und auf Rechnung von HCS.« Ich zog scharf die Luft ein. Mendel hatte also dasselbe Schicksal ereilt, das er selbst in Zusammenarbeit mit dem Sender Ingrid bereitet hatte: Man hatte ihm in einem Moment der Schwäche seine Produkte abgenommen und ihn vor die Wahl gestellt: »Verkauf für uns – oder lass es bleiben. Draußen vor der Tür stehen hundert andere, die deinen Job machen wollen – für die Hälfte.«

In dem Gartenzwerg-Set bedeutete Moderatorin Clarissa einem Beleuchter, das Studiolicht zu dimmen, damit der blinkende Gartenzwerg seine ganze Pracht entfalten konnte. Die rote Mütze glänzte durch die Dunkelheit, auf dem Schildchen in der kleinen Plastikfaust erschien deutlich lesbar »Auf Wiedersehen«. Gänsel musterte die Szenerie und sagte: »Sie sehen es blinken – ein Stern geht unter.« Ich beobachtete Mendel, der gerade einen Gartenzwerg hochhob und bewundernd über die rot aufglänzende Zipfelmütze strich. Mark Mendel war kein Monster. Er war ein ganz normaler Selfmademan, ein Geschäftsmann in einer Welt der harten Bandagen. Er nutzte seine Chancen und seine Kontakte, nur vielleicht zielstrebiger und ergebnisorientierter als andere in diesem Spiel, das Umsatzgenerierung heißt. Jemand lässt sich schmieren? Dann schmierst du ihn eben. In anderen Teilen der Welt kommst du ohne Bakschisch nicht mal in die Nähe des Tisches, an dem gepokert wird. Du hast die Möglichkeit, billiger als dein Konkurrent ein Produkt zu bauen, das die Leute haben wollen? Einen schon vorhandenen Markt zu bedienen, einen Markt, den du nicht erst mühsam erschaffen musst, indem du den Leuten einredest, ein Solarzwerg mache sie glücklich? Dann baust du den Zwerg natürlich nach, günstiger, wenn es möglich ist, und bleibst, während der Konkurrent gehen muss. Für moralische Bedenken ist in dem immer schnelleren Kreisel keine Zeit, kein Platz und manchmal auch kein Bedürfnis. Ich verkaufe, also bleibe ich. Behalte die Schürfrechte im Goldrausch des Teleshoppings. Und Ingrid, die Wellnessexpertin mit dem Faltenbügeleisen, hatte Mendel nicht nur ausgebootet, er hatte sie angestellt. Ich glaubte tatsächlich, dass er bessere Verkäuferinnen als Ingrid hätte haben können. Und vielleicht war er jetzt wegen dieses Restes an Anstand selbst auf die Schnauze gefallen.

Als Blauwal gestrandet – Eine Teleshopping-Karriere neigt sich dem Ende zu

Aber nicht nur Mendel war über den Zenit seines Ruhms. Nach dem Reinfall mit Poppel und dem neuerlichen Eintrag ins »Recap« befand sich auch mein Stern im Sinkflug, so viel war mir klar. Am liebsten hätte ich TV-Sales und dem Einkauf die ganze Armaron-Produktion an Bademänteln und Hausanzügen vor die Füße geknallt und wäre hoch erhobenen Hauptes gegangen. Doch noch kämpfte ich innerlich mit mir.

Dragan, der Aufnahmeleiter, holte mich aus diesen düsteren Gedanken brutal zurück in die Wirklichkeit: »Andrea, verdammt noch mal, hör auf die Probleme der Menschheit zu lösen und geh deine Plörren verkaufen, hier dein Mikro! Zieh dir also schnellstens deinen Frack da an, du kommst jetzt noch mal dran«, sagte Dragan, der gerade entsprechende Anweisungen vom Producer erhalten hatte.

Ich warf mir den Fummel über, knipste mein Mikro an, schoss aus der Model-Lounge, grüßte kurz Birgit, Martina, Gänsel und Moderator Jens Käferchen, die auf dem Sofa saßen, und spurtete am Schlafzimmer-Set vorbei, in dem Clarissa und Iris Döbler-Schmitz Schaumrollen verkauften. Letztere hielt gerade wortlos das nachgemachte No-Name-Kissen à la Lufti-Kuss in die Luft. Wir sind, glaube ich, die Einzigen, die sich selbst ins Knie schießen, indem wir unsere selbst geschaffenen Fantasie-Markennamen wie »Prinzessin der Lüfte«

oder »Lufti-Kuss« durch ebenfalls selbst fabrizierte billigere No-Name-Produkte ruinieren. Bei »Esprit« und deren günstigerer Marke EDC zum Beispiel werden zumindest verschiedene Käufer angesprochen, und die Ware ist nicht fast identisch. Bei uns sind es dieselben Käuferschichten, die auf den Sender vertrauen und nicht auf einen selbst gekürten Markennamen, zumal wenn Marke und No-Name optisch kaum zu unterscheiden sind. Natürlich mied Iris den direkten Vergleich zum inhäusigen Markenprodukt, ihre Botschaft war aber klar. Abgesehen davon ist es uns Experten auch eigentlich nicht gestattet, über den Preis eines Produktes zu sprechen, bestenfalls Preisvergleichstabellen hochzuhalten.

Auf den letzten Metern vor meinem Set fielen mir drei Dinge auf.

Erstens: In letzter Zeit bewegte ich mich nur noch rennend ins Set bzw. neigte dazu, meine Auftritte komplett auszublenden. Konnte ich meinen Job nicht mehr leiden? War das Bad im Schwachsinn mittlerweile durch die Goldmünzen nicht mehr aufzuwiegen?

Zweitens: Mein Aussehen wurde immer schlimmer. Ich hatte Ränder unter den Augen und ein nervöses Zucken am Lid vom Schlafmangel, meine Haut wirkte käsig und faltig, und die aktuelle Armaron-Kollektion entsprach ungefähr meinen Vorstellungen vom Untergang des Abendlandes.

Drittens: Mein Wunsch- und Lieblingsmoderator Jens Käferchen war still bei Dragan sitzen geblieben. Dabei müsste der doch schon im Set stehen, um mich anzuteasen. Und dabei fiel mir siedend heiß ein, dass »Christmas in July« noch eine weitere fatale Fußangel barg: Zu diesem rauschenden Event ein halbes Jahr vor Weihnachten inszeniert HCS eine Art Klassentreffen aller Moderatoren, um unsere Fan-Zuschauer vor den Bildschirm zu zwingen und so den Umsatz zu steigern. Denn das Hochstilisieren unserer Moderatoren zu Semi-Promis funktioniert. So wie alles in der Marktwirtschaft funktioniert, was dem Konsumenten mit der nötigen Impertinenz immer und immer wieder als Must-have, Superstar und Lifestyle vorgekaut wird. In letzter Konsequenz bedeutete das für mich: Da wartete ein anderer Moderator, der mit mir präsentieren würde. Ich riskierte einen Blick. Schwiegersohn-Stefan, der Eitle. Ich bremste, um mich zu sammeln. Jemand schubste mich von hinten zur Seite. Moderatorin Clarissa, das Tagesangebotskissen noch fest in der Hand, bedeutete mir, zur Seite zu treten, denn jetzt würden sie und Stefan erst mal begrüßen und anteasen und charmant und nett und lustig sein. Was für jeden, der dieses Spektakel sah und dessen IQ sich oberhalb einer Scheibe Brot befand, eigentlich nicht zu ertragen war. Clarissa schubste fester, ich stolperte, taumelte und setzte mich rasch auf einen Hocker, den mein Lieblings-Product-Coordinator Michael mir hinschob. Er musterte mich in meinen blauen Klamotten mit einem unergründlichen Blick. »Ich glaub, ich ruf Greenpeace an, hier ist ein Wal gestrandet.« – »Danke für den Stuhl«, sagte ich.

Clarissa und Moderator Stefan begrüßten sich überschwänglich, die eine hielt dabei ein Kissen in die

Höhe, der andere einen gusseisernen Topf. So weit sind wir von der Steinzeit gar nicht entfernt. Stefan sprach die durchgefeierte Nacht aus den roten Augen. Toll. Ein versoffener, eitler Moderator. Die beiden wünschten unseren Zuschauern frohe Weihnachten. Ich spürte ganz deutlich, wie der Schlafmangel wirklich an mir zu zehren begann. Clarissa verabschiedete sich kissenwinkend. Stefan lud mich mit einer laschen Handbewegung an seine Seite. Seine Fahne war nicht zu überriechen. Ich guckte in den Preview-Monitor. Ich sah schlimmer aus als befürchtet. Der schicke Stefan mit seiner blonden Tolle und dem Anzug und ich daneben, müde, genervt, ganz in Blau.

Aber immerhin würde ich bei ihm sprechen dürfen. Dachte ich. Stefan quakte los: »Hier sehen Sie, wunderbar, unseren günstigsten Hausanzug aller Zeiten. Aus Plüschtrikot!« Das war die völlig falsche Positionierung. »Ähm«, sagte ich, denn die goldene Regel lautete ja: »God is a host« und »Du sollst ihm nicht widersprechen«, außerdem war mein Recap-Konto voll, »ähm … ja, der Hausanzug ist toll günstig, aber vor allem Jacquard-gewebt«, um Stefan vorsichtig auf die richtige Positionierung des Produkts hinzulenken. »Genau, Plüschtrikot mit Jacquard!«, rief Stefan, ganz offensichtlich komplett ahnungslos, dass Jacquard ein bestimmtes Webverfahren und keine Eigenschaft ist. Um weiteren Patzern vorzubeugen, sagte ich: »Und dieser Hausanzug, meine Damen, ist dank des wunderbar großflächigen Jacquard-gewebten Musters ein Schmuckstück. Und speziell nur für uns Damen geschnitten, mit hoher

Taille, der kleinen Biese auf der aufgesetzten Tasche hier und dem bequemen Dehnbund.« Ich zog an dem Gummizug meiner Hose, bis ich auf dem Kontrollmonitor aussah wie Obelix ohne weißen Streifen. »Nur für Damen«, sagte ich lächelnd. »Ach was, in der blauen Variante kann ich mir den auch gut für den Herren vorstellen«, rief Stefan. God is a host. Ich begann von Jacquard und seiner Erfindung zu erzählen. Stefan langweilte sich. Stefan tritt nicht, wenn er reden will. Stefan plinkert. Meist steht der Moderator links von mir und anderen Experten. Wenn Stefan plinkern will, damit der Experte die Klappe hält, dreht er der Kamera das Profil zu, sodass die Zuschauer sein rechtes Auge nicht sehen. Damit plinkert er dann. Es kann einen wahnsinnig machen, wenn man konzentriert ein Webverfahren erläutert, und jemand plinkert ständig.

»Und dazu passend, liebe Andrea«, rief Plinkermann, »haben Sie auch noch Handtücher auf dem Boden dekoriert, wunderbar!« – »Das sind Fußmatten«, sagte ich. »Dünne Fußmatten, das ist praktisch, da bleibt die Badezimmertür nicht dran hängen.« Wir lügen nicht. Wir verschweigen nur gewisse Wahrheiten. Oder deuten um. Stefan hob eine meiner dünnen Fußmatten auf. »Die sind mir aber zu dünn«, sagte er. Schlimmer kann es nicht werden, dachte ich. Konnte aber doch.

»In diesem Hausanzug, liebe Andrea, sehe ich sie vor mir, wie sie Tee trinken, in einem feinen englischen Schloss, der Butler öffnet die Tür.« – »Ach«, sagte ich, »wozu Butler, bei mir öffnet mein Mann die Tür.« Jetzt plinkerte ich, damit er die Klappe hielt. Stefan reagierte adäquat: »Na ja, vielleicht haben Sie einen großen Garten, wo der Gärtner die Blumen pflegt?« – »Garten?«, sagte ich, denn weiter kann man sich wohl vom Thema Fußmatten und Hausanzug nicht mehr entfernen. »Jahaha«, brüllte Stefan, »Garten mit Pferd. Das ist so ein schicker Hausanzug, den Sie da tragen, Andrea, da gehört ein Gärtner zu und ein Pferd.« – »Soso, na ja«, sagte ich und plinkerte für den Zuschauer unsichtbar, was das Zeug hielt. Stefan plinkerte auch. Ich versuchte zu morsen. Drei kurz, drei lang, drei kurz. SOS. Ich versuchte, HDS zu plinkern, für »Halt die Schnauze«.

Ich war kurz davor, gewalttätig zu werden. Wenn es einen Berufsstand gibt, der das Schlechte im Menschen fördert, zähle ich »Moderator beim Teleshopping« eindeutig dazu. Jedenfalls beförderte dieser Sell meine Hausanzüge und damit meine Karriere bei HCS in die ewigen Jagdgründe. Die Absatzzahlen waren unterirdisch, mein Gesicht als Expertin für diese Sorte Produkte verbrannt.

Doch eine letzte Chance sollte ich noch bekommen.

Abschied mit Waschmittel

Die Sonne hatte den ganzen Tag von einem stahlblauen August-Himmel geknallt, und jetzt, um 21 Uhr abends, fühlte ich mich erschöpft und ausgelaugt. Dabei lag die entscheidende Anstrengung, der schmale Grat zwischen Erfolg und Absturz, erst vor mir: Mein Tagesangebot »Fragrance wash«, das um null Uhr heute Nacht starten sollte.

»Christmas in July« lag Gott sei Dank seit sechs Wochen hinter uns. Die Stimmung im Studio war weihnachtlich wie ein besoffener Familienstreit am Heiligabend. Martina Schönhauser und Iris Döbler-Schmitz umschlichen sich von Tag zu Tag zunehmend gereizter. Das Management von HCS hatte Iris' Produktpalette um weitere Fake-Produkte à la »Prinzessin der Lüfte« erweitert, vom Parfum bis zur Kuscheldecke, ja selbst erste Billig-Porzellan-Services der mitsamt ihrer Expertin Sibylle untergegangenen »Queen-Mary«-Serie bescherten Iris Einsatz um Einsatz im Dienste von Schwachsinn und Konsum. Leider gewannen wir durch diesen geschickten Schachzug aber keine einkommensschwächeren Kunden zu unserer Stammkundschaft hinzu. Stattdessen stiegen unsere Stammkunden auf das billige Zeug um. Der Umsatz brach ein. Martina, als Repräsentantin, ja nachgerade Botschafterin, wenn nicht Präsidentin der Lüfte-Marke war auf 180 und stieß im Verein mit Corinna eine dunkle Prophezeiung nach der nächsten aus. Corinna war erstens aus Überzeugung immer dabei, wenn es galt, die Welt in düsteren Farben zu malen, aber zweitens auch persönlich betroffen. Denn nicht nur unsere Produkte, auch unsere Haushaltswarencrew war erneut wild durcheinandergewürfelt worden. Corinna durfte jetzt nur noch Ware mit Mustern präsentieren und musste auch ihr Porzellanservice komplett an Iris abgeben. Daniela bekam die Ware ohne Muster und aus glatter Struktur.

Wir vermuteten heimlich, dass das an ihrem flachen Busen lag.

Birgit behielt ihre Abschminktücher und bekam die flauschigen Produkte, die Iris bis dato noch unter »Puschel de luxe« verkloppt hatte. Petra Berger wurde ersatzlos gefeuert. Alle hatten ihr Bedauern verkündet, ein bisschen geweint und Petra Berger binnen zwei Tagen vergessen. Es galt, eigene Pfründe zu verteidigen. Seilschaften bildeten sich innerhalb von Stunden und waren noch vor dem Abend wieder zerfallen. Das Misstrauen war greifbar, omnipräsent und nervtötend.

Ich selbst tat ebenfalls mein Möglichstes, den anderen auf die Nerven zu gehen, quakte lauthals über die Ungerechtigkeit der Welt und den Niedergang des Teleshoppings, was natürlich nur an meinem eigenen Niedergang lag. Meine Modelinie »Armaron« war nämlich aufgrund schlechter Umsätze ebenfalls kurzerhand eingestampft worden. Damit war ich faktisch arbeitslos, denn meine glatten Polyesterfummel waren ja ebenfalls zur busenfreien Daniela gewandert.

Dass ich überhaupt noch die heiligen Hallen betreten durfte und abends um 21 Uhr am Aufbau eines künstlichen Parfumlabors mitwerkelte, lag an einer letzten Chance, die mir der Einkauf eingeräumt hatte: Mein heutiges Tagesangebot: das Super-duper-ganz-besondere-Waschmittel »Fragrance wash«.

Normalerweise wechselt niemand beim Teleshopping binnen sechs Wochen sein oder ihr Produkt. Der Glaubwürdigkeit halber verschwinden wir Experten, wenn unsere Produktlinie stirbt, mindestens ein Jahr in der Versenkung, bevor wir wie Phönix aus der Asche als Schmuck- oder Werkzeugexperten wieder auferstehen. Wenn wir gut präsentieren können. Ausgenommen hiervon sind die Lieferanten, die ja tatsächlich Experten sind. Dass ich binnen sechs Wochen von einer Modeexpertin zu einer Waschmittelexpertin mutiert war, entsprang schlichter Notwendigkeit. Der Einkauf brauchte einen routinierten Gast für ein Produkt, das man getrost mit »des Kaisers neue Kleider« vergleichen konnte – ein Waschmittel mit Parfumduft in Nanotechnologie. Ich war zufällig gerade frei.

»Fragrance wash« sprachen wir nicht nur wahre Zauberkräfte bei der Fleckentfernung zu. Das Parfum des Waschmittels sollte mittels einer sogenannten Nanokapseltechnologie den Duft auf der Wäsche einschließen, sodass die Wäsche monatelang nach dem Waschen ihren Duft behielt. Vorausgesetzt, sie lag wohlbehütet im Schrank und niemand schwitzte rein. Der unwesentliche Logikfehler, dass man Wäsche im Allgemeinen nicht wäscht, um sie dann über Monate im Schrank zu lagern, bis die nächste Saison angebrochen und man das Zeug übergangslos im Keller verstauen kann, war den Strategen von HCS leider entgangen, ebenso, dass diese Nanotechnologie nur ungenügend funktionierte. Wir brauchten eben Umsatz und neue Produkte, die es sonst nirgends gab.

Mein Problem mit diesem sinnlosen Duftwaschmittel lag zuvorderst in der Preisgestaltung: »Fragrance wash« war viermal so teuer wie ein vergleichbares handelsübliches Produkt. Die hohe Fleckentfernerkraft, die wir dem Mittel auch bei niedrigen Temperaturen zuschrieben, konnte ich nicht zeigen. Auch ein Kurzwaschgang dauert länger als ein Sell von acht bis zwölf Minuten.

Und jetzt verkaufen Sie mal ein teures sinnloses Produkt, dessen Fleckentfernerkraft sie kaum demonstrieren können, mit einem Duft, an dem sie keinen Käufer schnuppern lassen können, weil die vor der Glotze sitzen, mit einer Konservierungstechnologie, die es noch nie gab und die entsprechendes Misstrauen bei potenziellen Käufern zu erwarten hat. Mal davon abgesehen, dass viele unserer Kunden kaum in der Lage sind, »Nanotechnologie« auch nur auszusprechen. Ich freute mich schon auf die vielen Anrufer.

Sechs Wochen lang hatte ich mich aufs Intensivste auf diesen Tag vorbereitet. Ich hatte mich mit dem Thema Tensiden, also waschaktiven Substanzen, Laugen und Basen, Umweltschutz und Umweltgift (letzteres würde ich natürlich nicht erwähnen, ich musste es nur wissen, um vor Anrufer- oder Moderatorenfragen gewappnet zu sein) sowie Parfumherstellung beschäftigt. Ich hatte mich mit den Lieferanten, dem Einkauf, mit Planing und mit TV-Sales zusammengesetzt und diskutiert. Ich hatte recherchiert, gelernt, geübt. Ich hatte mir wieder mal Phrasen angehört wie: »Du, Andrea, wir haben da eine MAZ requested, auf der die Top Selling Features und der Unique Selling Point noch mal knock-out-mäßig presented werden«, und ich hatte sogar dazu genickt.

Wir hatten ein Set entworfen, das das Thema Waschküche vernachlässigte und stattdessen in Parfum-Labor-Anmutung das Thema Lifestyle optisch verdeutlichte. Heißt: Wir haben eine blöde Theke aus durchsichtigem Kunststoff gewählt, auf der wir in einem Aquarium hofften zeigen zu können, wie das Waschmittel Flecken angriff. Ich hatte, um den Duft optisch darstellen zu können, Blumengestecke in riesigen Glasvasen besorgt und DIN-A0-großformatige Parfumpyramiden als Bilderdrucke anfertigen lassen. Ich war für Dekobedarf im Gartencenter, für T-Shirts und weiße Handtücher in Billigkleiderläden, für Aquarien und ein schwimmendes Thermometer, das die Wassertemperatur anzeigte, in Aquaristikgeschäften und Baumärkten gewesen.

Ich hatte tagelang zu Hause ausprobiert, welche Flecken »Fragrance wash« tatsächlich bei welcher Temperatur auf welchem weißen Stoff sichtbar in Sekunden herauswäscht. Ich hatte mit Tinte, Erde, Kaffee, Marmelade, Schokocreme, Wein und Likör experimentiert. Ich hatte reine weiße Baumwoll-T-Shirts zugunsten von Mischgewebe mit Polyesteranteil verworfen, weil sich die Flecken aus Baumwolle nicht so leicht herauswaschen lassen wie aus Plastik. Ich hatte mir die Hände verbrüht und verätzt, hatte mit Handschuhen, ohne Handschuhe, mit Fleckenteufel und ohne Zusatzstoffe gearbeitet. Ich hatte getextet, vorm Spiegel geübt und die Zeit gestoppt, damit die Produktdemonstrationen als Vierminüter möglichst im Cycleverkauf zwei- bis dreimal pro Sell gezeigt werden konnten.

Und diesen ganzen wochenlangen Eiertanz hatte ich unter dem Druck absolviert: Wenn »Fragrance wash« nicht läuft, bist du raus. 30 000 Sets à je vier Flaschen, also 120 000 Pullen, warteten konfektioniert in den Lagern auf neue Besitzer. Callcenteragenten saßen an den Telefonen, um die Bestellungen entgegenzunehmen. Producer, Planer und TV-Sales hockten in den oberen Etagen, um mich notfalls auseinanderzunehmen und würden morgen während des Tages noch durch kritische Einkäufer komplettiert werden, die jede Bewegung und jeden Satz kommentieren würden.

Jetzt war es 21 Uhr, und ich dekorierte mit den Leuten von Sets and Props mit Leib und Seele für ein Tagesangebot, das, wenn es nicht vorher mangels Nachfrage abgesetzt werden würde, 24 Stunden on air wäre. Mir war total übel.

Der Kick-off um null Uhr, mit dem jedes neue Tagesangebot begann, näherte sich rasant, und ich war weder geschminkt und gestylt, noch war das Set fertig aufgebaut. Der Kick-off ist unser persönliches Orakel: Von den Umsatzzahlen des Kick-off lässt sich oft eine gewisse Tendenz für den Erfolg des Produktes ableiten. Bis um halb zwölf musste alles tipptopp sein, inklusive meiner Wenigkeit. Weiter hinten durchs Studio sah ich meine junge hippe Kollegin von TV-Sales im Businessoutfit, begleitet von Moderatorin Clarissa, näher kommen. Ausgerechnet Clarissa. Die meistens so viel redete, dass wir Experten kaum zu Wort kamen.

»Hallo, machen wir den Kick-off zusammen?«, fragte ich mit meinem unschuldigsten Lächeln. Mit diesem

»Zusammen« wollte ich gleich klarstellen, dass dies nicht ihre übliche Clarissa-labert-alleine-Show werden sollte. Clarissa musterte mich. »Nein, eigentlich machst du den mit Stefan. Ich bin morgen früh mit dir in der Elf-Uhr- und dann vermutlich in der Vierzehn-Uhr-Stunde dran. Wenn das Produkt so lange on air bleibt«, fügte sie mit einem süffisanten Lächeln hinzu. »Die Sechs-Uhr-morgens-Stunde und den Acht-Uhr-morgens-Showblock bis zehn Uhr machst du in der Good-Morning-Show mit Lissy und Harald, danach ist, glaube ich, Klaus Poppel dran, und die Abendstunden machst du wieder mit Stefan.«

»Und wo ist Stefan?«, sagte ich, »wir müssen langsam den Kick-off besprechen!« – »Stefan ist noch nicht da«, sagte eine freundliche Stimme bedauernd. Eine Stimme, die dem Coordinating Producer, also dem führenden Product Coordinator, also dem Leithammel der Studiohelferlein gehörte. Andreas. »Wie jetzt!«, sagte ich empört. Ich musste unbedingt vor dem Kick-off mit Stefan die wesentlichen Punkte, Vorzüge und Schwächen des Produktes besprechen, wobei ich mir bei Moderator Stefan vornahm, die Schwächen zu verschweigen. Er würde sonst mit dem Finger draufzeigen.

»Warum ist der nicht da?« Andreas zuckte mit den Schultern und zeigte sein freundliches, offenes Lächeln. »Tut mir leid, Andrea«, sagte er, und dann außer Hörweite von Clarissa und der hippen Business-Tante von TV-Sales, »am liebsten würde ich das ja ins ›Recap‹ schreiben, aber ich kann ja keinen Host anschießen. Das gibt nur Ärger.« – »Ach«, sagte ich empört, »aber jeder Host darf jeden Unsinn über Gäste in dieses … dieses ›Klassenbuch‹ eintragen. Und du auch: Du trägst doch auch ein, wenn ein Gast zu spät zur Besprechung kommt!«, sagte ich und deutete mit einem von den Waschproben aufgeweichten Zeigefinger auf Andreas. »Klar«, sagte Andreas und wandte sich ab, »das ist auch was anderes.«

»Ruf den bitte noch mal an, Andreas«, flüsterte ich drängelnd, »wenn ich mit der Clarissa den Kick-off machen muss, krieg ich keinen ganzen Satz gesagt und kann keine einzige Demo vernünftig zu Ende machen, und das Produkt hat von Anfang an Ladehemmung! ›Fragrance wash‹ wird dann ›wash and go‹, überleg dir das bitte!« – »Geht klar, ich ruf noch mal an«, sagte Andreas und verschwand. Wenn ein Produkt baden geht, werden alle mitbeteiligten Festangestellten zumindest auch ein bisschen schuldig gesprochen. Hauptsächlich aber natürlich wir Experten. Ich sah auf die Uhr. Nur noch zwei Stunden. Die Zeit rannte gen Mitternacht.

Meine Helferlein räumten die letzten Handtücher in die Regale, die Kunststofftheke blitzte, riesige Blumensträuße und große glänzende Kristallkugeln, im Set dekoriert, verströmten eine Aura aus Duft und Komfort, Style und Zukunftstechnologie. Genauso hatte ich es mir vorgestellt, aber es jetzt so fertig zu sehen, erfüllte mich mit Stolz. Parfumduftpyramiden, als leuchtende Bilder auf Pappen an unsichtbaren Fäden aufgezogen, hingen leicht und fragil wie ein Duft von der Studiodecke und vermittelten auch ohne Schnuppern die verschiedenen Parfumkompositionen mittels ihrer Ingredienzien aus Vanille und Blumenduft, in den schweren Düften aus Moschus, Sandelholz und Flieder.

»Stefan ist da, der große Moderator«, sagte Dragan plötzlich. »Schwing die Hufe, kurze Kick-off-Besprechung, mach dich fertig, danach geb ich dir dein Mikro. Und heute bist du pünktlich im Set.« Er drehte sich im Weggehen noch mal zu mir um. »Und du bist den ganzen Tag pünktlich!« Er grinste mir kurz zu und machte das Daumen-Hoch-Signal. Ich grinste zurück und erwiderte das Zeichen, bevor sich mein Lächeln angesichts des drohenden Kick-offs mit Stefan in Luft auflöste.

Und eh ich mich versah, war es auch schon so weit. Ich stand im Set neben dem geschniegelten Moderator, auf dem Preview-Monitor lief der Trailer zum »Tagesangebot«. Fanfaren ertönten, hinter den Kameramänner stand eine kleine Armada aus Coordinating Producern, Product Coordinatoren, Sets-and-Props-Menschen, TV-Sales und jedem anderen Anglizismus, den unser modernes Konsumfernsehen zu bieten hat, außerdem der frisch von HCS auf Normalmaß gestutzte Mark Mendel, der sauertöpfisch guckte. Nicht mein Problem. Ich konzentrierte mich auf Duftpyramiden, »Fragrance wash«, das mit handwarmen Wasser und einem großen Schuss Fleckenteufel gefüllte Aquarium vor mir, die verschiedenen Schmutzfässchen und Weinflaschen zur Fleckensimulation, die ich verdeckt für den Zuschauer auf einem Beistelltisch aufgebaut hatte, und kontrollierte ein letztes Mal hektisch, ob ich auch wirklich Polyester-T-Shirts zum Auswaschen der Flecken hingelegt hatte. Baumwoll-T-Shirts straften meine Worte nämlich Lügen. Und wir Teleshopper lügen nicht. Wir wählen einfach nur bestimmte Ausschnitte der Wahrheit.

»Drei, zwei, eins … und ON!«, rief ein unsichtbares Stimmchen, und ich sah mich selbst in einem Parfum-Lifestyle-Hightech-Laboratorium neben Stefan stehen, geschminkt, Haare eingedreht, hübsch lächelnd im weißen Kleid und zur Verdeutlichung der Nanokapseltechnologie unseres Waschmittels an Ohren und Hals mit falschen Perlen behangen. Ich sah aus, wie eine amerikanische Biedermann-Hausfrau aus den Fünfzigerjahren, was im Hinblick auf mein Auftreten in den letzten fünf Jahren in Hausanzügen als expressionistisches Gemälde eine echte Verbesserung darstellte.

Stefan schrie seinen Begrüßungssermon in den Äther, während ich mich aufs Lächeln beschränkte. Aus den Augenwinkeln sah ich TV-Sales bereits die ersten Zahlen diskutieren, die sie vom Producer aufs Ohr bekamen und Mark Mendel genervt von dannen schreiten. »Und, liebe Andrea – was kann denn ›Fragrance wash‹, was andere Waschmittel nicht können?«, schrie mich Stefan unvermittelt an. Dass er so früh das Wort abgab, konnte nur bedeuten, dass er wieder mal keine Ahnung von dem hatte, was wir da zusammen verkauften.

Ich bemühte mich, gleichzeitig zu lächeln, zu sprechen, hübsch auszusehen und die ersten leichteren Flecken in Form von Kaffee und Wein auf ein weißes T-Shirt aufzubringen. Ich tunkte das frisch befleckte T-Shirt in mein Aquarium, das bis hierhin nur Wasser und Fleckenwasser enthielt. Wie hundertmal vorher geübt. Ich gab einen guten Schuss »Fragrance wash« ins Wasser, erzählte und lächelte, während Stefan vorschriftsmäßig von den wunderbar erregenden Blumendüften schwatzte, die das Studio angeblich erfüllten. Ich rubbelte an dem Fleck. Der hätte jetzt eigentlich verschwinden müssen. Tat er natürlich nicht. Ich lächelte weiter, nahm die Pulle »Fragrance wash«, kippte einen ordentlichen Hub auf den Fleck, redete irgendwas, während mein Hirn Fluchtszenarien ausbrütete, und rubbelte unter Wasser. Die Kamera nahm den Fleck deutlich ins Visier. Endlich. Der Kaffeefleck verabschiedete sich. Der Weinfleck blieb. Stefan schrie irgendwas Positives, ich rubbelte und betete. Die Lauge vernebelte meine Hände im Aquarium. Endlich löste das Waschmittel, das wir als »kaltaktiv« anpriesen, den Weinfleck auf. Meine Hände waren rot vom Rubbeln im warmen Wasser. Das Aquariumthermometer hatte gleich zu Beginn den Geist aufgegeben. Vielleicht besser, so war die Temperatur des Wassers auch für unsere Zuschauer nicht mehr nachzuvollziehen. Ich scheuerte wie ein Weltmeister auf dem Fleck herum. Ein leichter Rand blieb trotzdem, den ich geschickt beim Hochziehen des Shirts aus der Lauge in meiner Handinnenfläche verschwinden ließ. Wir Teleshopper wollen nicht in den Himmel. Wir wollen Umsatz machen. Ich wrang das T-Shirt aus und legte es hinter mich. Ich hatte nicht mit Stefan gerechnet. Natürlich griff er sich den nassen Lappen und brüllte: »Das wollen wir doch noch mal richtig sehen, wie weiß und sauber das ist.« Er hielt das fleckige Shirt hoch. Ich lächelte.

Stefan redete irgendwas, warf mir einen zornigen Blick zu und plinkerte. »Und was haben wir noch für tolle Flecken!«, rief Stefan völlig außer Rand und Band. »Na zum Beispiel Kakao – die Schokolade in Verbindung mit dem Eiweiß und dann noch blaue Tinte«, sagte ich verzweifelt, denn diese Flecken gehen noch schwerer raus als Wein und Kaffee, und offenbar war der berühmte Vorführeffekt gerade am Werk. Alles, was hundertmal vorher geklappt hatte, wollte jetzt misslingen. »Das will ich sehen«, rief Stefan aufgekratzt, drehte sich spontan um und riss eines meiner Baumwollhandtücher, die ausschließlich zu dekorativen Zwecken in der Schrankwand hinter mir lagen, mitsamt Blumenschmuck und Glassteinchen aus dem Regal und hielt es mir auffordernd hin, während um uns herum Steine und Murmeln auf den Studioboden klackerten und sprangen.

»Dann mal los, Andrea«, sagte Stefan und plinkerte wieder. Ich starrte ihn eine Sekunde lang an. Was sollte ich jetzt machen? Auf Baumwolle, dieser offenen Naturfaser, in der Kürze der Zeit und bei der minütlich abnehmenden Temperatur der Lauge vor mir, war die Chance, dass die Flecken rausgehen würden, fast nicht mehr vorhanden. Ich musste versuchen, falls das Experiment misslang, die Flecken in einem Taschenspielertrick in der trüben Lauge im Aquarium in meiner Handfläche verschwinden zu lassen. Und zwar ein ganzes Handtuch. Das hatte ich nur leider nicht geübt. Ich hasse es, Taschenspielertricks zum ersten Mal vor einem Millionenpublikum zu üben, wenn zufällig meine Zukunft daran hängt. Leider blieb mir aber nichts anderes übrig.

Stefan schüttete nämlich soeben alles, was ich in Reihenfolge nacheinander einzusetzen gedachte, gleichzeitig auf das empfindliche, strahlend weiße Baumwollhandtuch: Kakao, Tinte, Wein und nach kurzem Zögern auch noch Dreck und Schlamm, bevor er mir das Handtuch mit seinem lausbubenhaften Grinsen in die Hände drückte. Mit dem Mut der Selbstverachtung nahm ich das Handtuch, tunkte es in die Lauge, schüttete noch mehr »Fragrance wash« dazu und spürte, wie sich meine Hände langsam in weiche gummiartige Flossen verwandelten. Weder die Uhrzeit, noch die Lauge, noch der Stress waren gut für meine Gesundheit, aber die schlimmste Gesundheitsgefährdung stand neben mir und hieß Stefan. Die Flecken wollten erwartungsgemäß nicht verschwinden. Ein sekundenlanger Handwaschgang ersetzt nun mal keine Sechzig-Grad-Maschine. Es kam, wie es kommen musste. Stefan griff ins Becken, drängelte mich zur Seite und rubbelte fröhlich weiter, während er rief: »Schauen Sie mal, meine Damen, so einfach ist das bei mir: fest zupacken, ein paarmal rubbeln und fertig.« Ich lächelte und sagte meinerseits: »Das ist ja auch klar, dass da mal ein Rand bleibt, wir haben ja nun mal keine Waschmaschine hier, aber sie sehen ja, achtzig Prozent des Fleckes sind schon beim ersten Eintauchen in ›Fragrance wash‹ verschwunden, und solche einfachen Flecken hier«, ich schubste dezent Stefan zur Seite, griff noch mal rasch zu einem Polyester-T-Shirt, kippte Wein darauf, warf alles ins

Aquarium, und rubbelte, »die sind gleich so gut wie, na ja jetzt, schauen Sie mal, hier ein bisschen noch, Mensch, das ist natürlich auch bei dem kalten Wasser klar!« – »Wieso, das Wasser hat doch bestimmt mindestens 35 Grad«, sagte Stefan. Ich beschloss spontan, ihn einfach in dem Aquarium zu ersäufen, sobald keiner guckte.

Wir ließen die Flecken sein und besprachen endlich die Nanotechnologie. Stefan verstand kein Wort, weder Nano, noch Technologie, noch Notwendigkeit. Ich erklärte mit Engelszungen, hielt zur Verdeutlichung der Duftkapsel Badeperlen hoch, die sich lieblich in meiner Handinnenfläche drehten. Stefan nahm eine Badekapsel, drückte drauf und machte sie kaputt. Ich entschied, dass Ertränken ein zu milder Tod war. Aber irgendwie musste mein Lifestyle-Set, die requestete MAZ, meine Perlen, mein Lächeln, das nette Kleidchen oder der Schwiegersohn-Effekt von Mr. Dumpfbacke doch die eine oder andere Dame zum Kauf motiviert haben. Allerdings nicht genug.

»Fünf Prozent von den 30 000 Sets sind weg«, verkündete uns die TV-Sales-Tusse mit Grabesstimme nach unserem »Kick-off«. »Zehn Prozent ist eigentlich das Minimum.« – »Hey«, rief ich mit allem mir zur Verfügung stehenden Enthusiasmus, »immerhin 1500 Menschen haben soeben ein Waschmittel gekauft, das viermal teurer ist als handelsüblich, wegen eines Duftes, den sie nicht riechen können, das die Flecken nicht entfernt, wie versprochen, und das alles um Mitternacht, einer Zeit, in der nur die wenigsten Menschen

Waschmittel kaufen gehen! Was für ein Erfolg!« – »Zu wenig«, sagte die Business-Lady ungerührt und schob mit dem Fuß eins der rohrdicken Kamerakabel zur Seite. Stefan gesellte sich zu uns, ich roch sein Parfum.

»Vor allem hast du ja wohl völlig die Demos verhauen«, nölte mich Stefan anklagend an. »Hast du den Mist vorher nicht ausprobiert?« Jetzt reichte es mir aber. Wie von der berühmten Tarantel gebissen, drehte ich mich zu Stefan um: »Hör mal zu, mein Freund, wenn du rechtzeitig bei der Kick-off-Besprechung da gewesen wärst, hättest du gewusst, dass wir versuchen, etwas zu beweisen, was eigentlich nicht geht und ich deshalb bei den Fleckendemos nur Mischgewebe einsetze. Wenn du einfach ein Handtuch aus der Deko reißt und mit allem einsaust, was da zufällig rumsteht und dann noch eigenmächtig da rumrubbelst, kann ich das nicht mehr retten!« – »Nanana«, sagte Andreas beschwichtigend.

»Sei du doch still«, sagte ich, »der Stefan schreibt jetzt wieder irgendeinen Mist über mich ins ›Recap‹, und du hast nicht die Eier, zu schreiben, dass er die Besprechung vergeigt hat.« Der »Coordinating Producer« Andreas zog den Kopf ein, murmelte irgendwas und ging weg, gefolgt von Stefan, der mit hocherhobenem Haupt petzen ging. Ich beschloss, mich ein paar Stündchen aufs Ohr zu hauen, räumte notdürftig mein Lifestyle-Parfum-Labor mit Aquarium-Optik für die Sechs-Uhr-morgens-Stunde auf und bat die Helferlein von Sets and Props, mir rechtzeitig warmes Wasser ins Aquarium zu kippen. Ich hatte fette drei Stunden Zeit bis zum Tagesanbruch. Ich ging schlafen. Als Tagesangebotsgast stand mir rangmäßig eins der Sofas in unseren Schlafkabinen zu, und ich gedachte es zu nutzen.

Zur Good-Morning-Show ging es weiter. Zwei Studiohelferlein brachten mir ein frisch mit heißem Wasser gefülltes Aquarium. Ich entschied mich dagegen, Fleckenwasser hineinzugießen, denn wir sollen nicht offensichtlich pfuschen. Stattdessen verdünnte ich meine potenziellen Fleckerzeuger Wein, Kaffee und Kakao in ihren Karaffen mit reichlich Wasser. Von dem ständigen Rubbeln in der Brühe während der Nacht waren meine Hände jetzt noch rot und aufgequollen.

Ich hob meine bleischweren Lider. Vom anderen Ende des Studios sah ich Harald und Lissy, die beiden gemütlichen Dickerchen, Kurs auf mich, mein Parfumlabor und die noch 28 500 Sets à vier Flaschen »Fragrance wash« nehmen, die ich heute noch verkaufen sollte. Ich fühlte mich elend und müde.

Vier Stunden später fühlte ich mich noch elender und noch müder. Wir hatten keine 1000 Sets verkauft, obwohl die On-air-Auswascherei der Flecken mittlerweile erstaunlich gut funktionierte. In meiner Aufregung hatte ich vermutlich anfangs Wein, Tinte, Kaffee und Kakao zu fest in den Stoff gepresst.

Trotzdem näherte sich der eingeblendete Zähler auf dem On-air-Monitor nur schleppend der 2000er-Marke. Die Zahl konnte man keinem Zuschauer und auch uns selbst nicht mehr frohlügen. Das Produkt war zu teuer, und das Hauptargument »tolles Parfum« konnte der Zuschauer nicht riechen. Sämtliche Einkäufer der Abteilung, Manager und Coordinating Producer rauften sich die Haare und mir gleich mit. »Fragrance wash« drohte abgesetzt zu werden. Jetzt war es zehn Uhr, und wer hielt da noch kernig lächelnd forschen Schrittes auf mich zu? Klaus Poppel, der mir mit Tritten auf den Fuß und belehrenden Worten beim Verkaufen gerade noch gefehlt hatte. Voller Gnatz schlug ich gegen mein Wäsche-Aquarium. Prompt platzte mir an meinen aufgeweichten Händen eine Stelle am Finger auf und begann zu bluten. Auch das noch. Wie sollte ich denn jetzt Fleckendemos vorführen? Ich rannte los, um Sprühpflaster zu organisieren, ich konnte ja schlecht mit einem aufgeweichten, im Wasser wehenden Pflaster am Finger versuchen, Lifestyle zu präsentieren. Und das »Must-have-Gefühl« würde sich mit einem im Wasser wehenden Pflaster in Nahaufnahme auch kaum einstellen. Zeit für Absprachen mit Moderator Poppel blieb mir nicht. Blutender Finger, Poppel, müde. Das würde vermutlich der schrecklichste Sell des Tages werden.

In Wirklichkeit wurde es dann nicht nur der beste Verkauf von »Fragrance wash« seit der Null-Uhr-Stunde, es wurde der beste Verkauf während des gesamten Tagesangebots. Klaus Poppel und ich, zum Teil im Duett waschend, weil mein Sprühverband nicht hielt und ich den blutenden Finger aus der Lauge nehmen musste. Auf diese Weise verkauften wir 7000 Sets »Fragrance wash«. Wir generierten also nur in dieser einen Stunde einen Umsatz von ca. 140 000 Euro, allein mit dem Waschmittel. Alle anderen Produkte, die neben meinem Tagesangebot präsentiert wurden, zogen ebenfalls kräftig an. Ein gut laufendes Tagesangebot ist ein Magnet. Es regnete Geld. Manager, Einkäufer und Producer gratulierten sich gegenseitig. Mir gratulierte natürlich keiner, das war mir aber egal. Wir Experten sind nur existent, wenn was schiefläuft. Klaus Poppel hatte das eine Argument gefunden, den Schlüssel zum Herzen und den Geldbörsen der Zuschauer: Das Produkt wusch auch Mikrofaser, die Lieblingsfaser unserer polyesterverwöhnten Zuschauer. Atemlos, im Freudentaumel, mit rotem Gesicht und blutendem Finger, der durch den Umgang mit Lauge und feuchter Wäsche immer wieder aufgeweicht wurde, erreichte ich das Aufnahmeleiter-Eckchen, unsere Insel der sozialen Kontakte, und ließ mich von den anderen beglückwünschen. Wenn ein Produkt »plötzlich durch die Decke geht«, »abhebt«, »läuft wie geschnitten Brot« – das ist einer der magischen Momente des Teleshoppings. Es ist das Finden der Goldader, des Heiligen Grals, des fünfblättrigen Kleeblatts. Und wir waren Fährtenleser, Zauberkünstler, Trüffelschweine. Ich fiel sogar Klaus Poppel um den Hals.

Ich verkaufte an diesem Tag 20 000 Sets à vier Flaschen des Waschmittels für über 20 Euro mit Nanotechnologie und erzielte damit einen Umsatz von etwa 400 000 Euro. Die Manager von HCS hatten sich aber 30 000 Sets erwürfelt, die ich hätte verkaufen sollen. Zu wenig also. Mein duftender Auftritt in der Unterwasserwelt der Waschlauge war, wie sich wenig später herausstellte, zugleich mein Abgang von einer der buntesten Bühnen der Medienwelt. Einer Bühne ohne Applaus, mit fernen Zuschauern, die nur dann und wann durch unsere Lautsprecher krächzen und sich als fernes Auge im roten Lämpchen der sendenden Kamera materialisieren. Der letzte Vorhang war in meinem Fall gewebt aus Nanotechnologie und Kakaoflecken, und als ich ihn schloss, zog trotz allem ein wenig Wehmut durch mein Herz.

sale

ABSPANN – ES GIBT EIN LEBEN NACH DEM SELL

super angebot

Den Krieg der Fregatten – Döbler-Schmitz gegen Martina Schönhauser – gewannen beide. Die eine ging fort und schürfte Gold künftig bei einem anderen Sender. Die andere blieb. Wer gegangen war und wer blieb, war schwer zu eruieren, sie glichen sich mittlerweile ohnehin in Aussehen und Auftreten wie ein Ei dem anderen. Meine anderen Lieblingskolleginnen und -kollegen, zu denen ich weiter Kontakt hielt, spielen weiter zehn kleine Experten oder eine moderne Version von Krabat, in der ein unsichtbarer Müller in regelmäßigen Abständen Menschen für die Magie des Geldes opfert.

Rückblickend kann ich sagen: Die Zeit beim Teleshopping war aufregend, wunderbar, lustig, furchtbar, unerträglich, fantastisch, lehrreich und psychologisch wertvoll. Ich habe viel gelernt, viel gelacht, tolle und blöde Menschen kennengelernt und den Kapitalismus von innen. Der mir immer noch sehr viel lieber ist als eine nicht funktionierende unfreie Staatsversorgung, aber das nur am Rande. Meine lieb gewonnenen Kollegen und Kolleginnen grüße ich aufs Allerherzlichste.

Die Zeit mit euch im Aufnahmeleiter-Eckchen oder zu zweit schlafend auf dem Sofa in der Gästelounge war wunderbar. Danke auch an die netten Moderatorinnen und Moderatoren, die MAZ-requestenden TV-Sales-People für tolle Ideen, die Technik-Operator für Sounds und schöne Bilder trotz albtraumhaftem Outfit, den Gästetrainern, den fleißigen Studiohelferlein, den Leuten von Sets and Props, den Aufnahmeleitern und allen anderen Mitarbeitern unserer großen bunten ewigen »Truman-Show«.

Das Leben ist eben wie ein großer Geschenkkarton. Man muss ihn ganz auspacken. Man weiß ja nie genau, welche tolle Überraschung vielleicht noch ganz unten liegt.